POWER SNACKS

POWER SNACKS

50 SUPERGESUNDE SNACKS FÜR ENERGIE UND AUSDAUER

Parragon

Bath • New York • Cologne • Melbourne • Delhi
Hong Kong • Shenzhen • Singapore • Amsterdam

This edition published by Parragon Books Ltd

Parragon Books Ltd
Chartist House
15–17 Trim Street
Bath BA1 1HA, UK
www.parragon.com

Projektmanagement: Andrea O'Connor
Layout: Persephone Coelho
Neue Rezepte: Sara Lewis
Neue Fotografien: Ian Garlick
Lektorat: Fiona Biggs

Realisation der deutschen Ausgabe: trans texas publishing services GmbH, Köln
Übersetzung: Antje Seidel, Köln
Lektorat: Şebnem Yavuz
Satz: lesezeichen Verlagsdienste, Köln

ISBN 978-1-4748-0336-6

Printed in China

Hinweise

Sind Zutaten in Löffeln angegeben, ist immer ein gestrichener Löffel gemeint: Ein Teelöffel entspricht 5 ml, ein Esslöffel 15 ml. Sofern nicht anders angegeben, wird Vollmilch (3,5 % Fett) verwendet. Eier und einzelne Gemüsestücke sind von mittlerer Größe. Pfeffer wird grundsätzlich frisch gemahlen verwendet. Wurzelgemüse sollte vor der Weiterverarbeitung geschält werden.

Garnierungen, Dekorationen und Serviervorschläge sind kein fester Bestandteil der Rezepte und daher nicht unbedingt in der Zutatenliste oder Zubereitung aufgeführt. Alle optionalen Zutaten und Gewürze, die nach Belieben oder Geschmack verwendet werden, sind in der Nährwertanalyse nicht berücksichtigt. Die angegebenen Zeiten können von den tatsächlichen abweichen, da je nach Zubereitungsmethode und vorhandenem Herdtyp Schwankungen auftreten. Optionale Zutaten, Variationen oder Serviervorschläge sind bei den Zeitangaben nicht berücksichtigt.

Kinder, ältere Menschen, Schwangere, Kranke und Rekonvaleszenten sollten auf Gerichte mit rohen oder nur leicht gegarten Eiern verzichten. Schwangere und stillende Frauen sollten den Verzehr von Erdnüssen oder erdnusshaltigen Zubereitungen vermeiden. Allergiker sollten bedenken, dass in allen in diesem Buch verwendeten Fertigprodukten Spuren von Nüssen enthalten sein könnten. Bitte lesen Sie in jedem Fall zuvor die Verpackungsangaben.

Vegetarier und Veganer sollten darauf achten, dass einige der Fertigprodukte fleischliche bzw. tierische Produkte enthalten könnten. Bitte lesen Sie in jedem Fall zuvor die Verpackungsangaben.

Der Verlag lehnt jede Haftung, Verlust oder Risiko in Verbindung oder als direkter oder indirekter Folge der Nutzung und/ oder Anwendung des Buchinhalts ab. Die Autorin hat alle zum Zeitpunkt der Drucklegung aktuellen Informationen in diesem Buch nach bestem Wissen und Gewissen zusammengetragen und geprüft, medizinisches und pharmazeutisches Wissen entwickelt sich aber ständig weiter.

INHALT

EINFÜHRUNG

Kennen Sie das? Sie sitzen nachmittags am Schreibtisch, schauen müde auf die Uhr und denken, wie soll ich nur bis fünf noch durchhalten? Ein Stück Kuchen oder ein Schokoladenriegel sind zwar eine schnelle Energiequelle, aber so schnell, wie Sie sie gegessen haben, ist sie auch schon wieder aufgebraucht – und Sie fühlen sich erschöpfter als zuvor.

Um den Körper langfristig mit Lebenskraft zu versorgen, benötigt man hochwertige Proteine, gesunde Fette, Kohlenhydrate und viel Gemüse. Nährstoffreiche Snacks mit Superfoods und komplexen Kohlenhydraten sorgen für lang anhaltende Sättigung. Ganze Nusskerne, Samen, Fleisch, Obst und Gemüse bieten eine gute Grundlage für gesunde Zwischengerichte, sogar auf Schokolade brauchen Sie dabei nicht zu verzichten – solange Sie eine Sorte mit einem Kakaoanteil von mindestens 70 % wählen, statt stark zuckerhaltige Milchschokolade.

Insbesondere Zucker und industriell gefertigte Lebensmittel werden für die stetig anwachsende Zahl an Übergewichtigen in unserer Gesellschaft verantwortlich gemacht. Bei Heißhungerattacken wird viel zu schnell zu einem Hamburger, einem Stück Kuchen oder einer Tüte Chips gegriffen, alles Lebensmittel mit leeren Kalorien, gesättigten Fettsäuren, raffiniertem Zucker sowie Salz – und ohne jeglichen gesunden Nährwert.

Haben Sie jemals die Zutatenliste Ihrer Lieblingssüßigkeit aus dem Supermarkt genauer in Augenschein genommen? Neben der Hauptzutat finden sich Süßstoffe, Geschmacksstoffe, Konservierungsstoffe und eine Reihe sonstiger Zusatzstoffe, von denen Sie vermutlich noch nie gehört haben. Doch diese ganzen chemischen Zusätze sind schnell vergessen, wenn Sie um vier Uhr nachmittags nach einem Keks greifen. Das können Sie ganz einfach vermeiden, indem Sie zu Hause nährstoffreiche Snacks zubereiten und mitnehmen, mit denen Sie lange leistungsfähig bleiben.

Hausgemachte Power-Snacks können mit einem Minimum an Aufwand und Zutaten, die Sie auf dem Wochenmarkt, im Bioladen oder auch im Supermarkt kaufen können, zubereitet werden. Daraus bereiten Sie Zwischenmahlzeiten mit Mikronährstoffen und gesunden Fetten zu.

Komplexe Kohlenhydrate sind eine gute Energiequelle für den kleinen Hunger zwischendurch, weil sie langsam vom Körper verdaut werden und den Blutzuckerspiegel stabilisieren, sodass Sie Ihren Tag ohne Höhen und Tiefen verbringen können.

Ein weiterer essenzieller Nährstoff ist Eiweiß. Wählen Sie zwischen Haferflocken, Perlmais, Quinoa, Vollkornreis, Süßkartoffel oder Kürbis – Sie brauchen also kein großes Steak, um sich gut mit Proteinen zu versorgen. Auch Nüsse und Samen sind eine gute Eiweißquelle, praktisch zu transportieren und überall zu finden.

Bei den Fetten muss man zwischen ungesunden Trans-Fettsäuren, auch Transfette genannt, die sich in Frittiertem, Fast Food und industriell produzierter Nahrung befinden, und gesunden Fetten unterscheiden. Letztere sind nicht nur gut für den Körper, sie sind sogar – trotz ihres hohen Kalorienanteils – lebensnotwendig, da sie essenzielle Fettsäuren enthalten, die benötigt werden, damit der Körper wichtige fettlösliche Vitamine wie A, D, E und K aufnehmen kann. Diese Fette sind in Lebensmitteln wie Vollmilch, Käse, Butter, fettem Fisch, verschiedenen Ölen wie Lein- und Olivenöl sowie Nüssen und Samen enthalten.

Wenn wir uns auf den Nährstoffgehalt von Lebensmitteln konzentrieren, anstatt Kalorien zu zählen, können wir unserem Körper auf natürliche Weise Stoffe zuführen, die uns leistungsfähig und gesund halten.

Pro Tag sollten wir mindestens fünf Portionen Obst oder Gemüse zu uns nehmen, aber Statistiken belegen, dass nur wenige dies wirklich tun. Wenn man die wichtigen Nährstoffe in Snacks verpackt, kann man sichergehen, dass man genug (und vielleicht sogar mehr) davon bekommt, und ist nicht darauf angewiesen, immer einen Apfel oder eine Karotte in der Tasche zu haben, um auf die erforderliche Menge zu kommen. So sind Obst und Gemüse als Grundlage für Power-Snacks ideal.

In diesem Buch finden Sie eine Auswahl an frischen, natürlichen und supergesunden Snacks. Im Kapitel „Unterwegs“ werden Ihnen leckere Snacks vorgestellt, die Sie überall mit hinnehmen können, sodass Sie Fast-Food-Versuchungen bestens widerstehen können. Für den Hunger zwischendurch im Büro bzw. im Betrieb finden Sie im Kapitel „Auf der Arbeit“ viele Vorschläge für süße und herzhafte Zwischenmahlzeiten, um das Nachmittagstief zu überwinden. „Energieschub“ enthält proteinreiche, mit Energie gespickte Vorschläge für Snacks, die ideal für Sporttreibende sind. An Tagen, an denen Sie etwas mehr Zeit haben, können Sie wunderbar die „Wochenend-Snacks“ zubereiten, um sie in der Freizeit zu genießen. Und die „Süßen Verführungen“ können Sie immer hervorzaubern, wenn die Sehnsucht nach Süßem Sie überfällt.

Diese Power-Snacks dienen dazu, Ihren Körper ausreichend mit Nährstoffen zu versorgen, sodass Sie immer gesund und vital und obendrein gesättigt und zufrieden sind.

1

UNTERWEGS

Möchten Sie immer einen Snack dabei haben, wenn Sie nicht zu Hause sind? Dieses Kapitel enthält Rezepte für Zwischenmahlzeiten, die gut zu transportieren sind.

LITSCHI-TRAUBEN-ERFRISCHUNG

Die Kombination von aromatischen Litschis und cremigen Avocados in diesem Saft wirkt perfekt gegen Müdigkeit und Flüssigkeitsmangel.

PORTIONEN: 1 ZUBEREITUNG: 10–15 MIN. KÜHLEN: OHNE

300 g grüne Weintrauben
55 g junger Spinat
½ reife Avocado, entkernt und Fruchtfleisch aus der Schale gelöst, plus 1 Scheibe zum Servieren (nach Belieben)
5 Litschis, geschält und entkernt
1 kleine Handvoll zerstoßene Eiswürfel
125 ml kaltes Wasser

Pro Portion: 413 kcal / 15,6 g Fett / 2,1 g ges. Fette / 72,8 g Kohlenhydrate / 54,6 g Zucker / 0,1 g Salz / 11,2 g Ballaststoffe / 6,3 g Proteine

1. Trauben und Spinat entsaften.
2. Den Saft in einen Standmixer gießen, Avocado, Litschis und zerstoßenes Eis dazugeben und alles glatt pürieren.
3. Das Wasser zugießen und untermixen.
4. In ein Glas gießen, nach Belieben mit einer Avocadoscheibe garnieren und sofort servieren.

GERÖSTETE EDAMAME MIT CRANBERRYS

Tiefgefrorene Edamame sind junge Sojabohnen, die einen gesunden, eiweißreichen Snack mit vielen Ballaststoffen ergeben und lange satt halten.

PORTIONEN: 4 ZUBEREITUNG: 15 MIN., PLUS ABKÜHLEN BACKEN: 15 MIN.

12

- 350 g tiefgefrorene Edamame (grüne Sojabohnen)
- 5-cm-Stück frische Ingwerwurzel, geschält und fein gerieben
- 1 TL grob zerstoßene Sichuan-Pfefferkörner
- 1 EL Sojasauce
- 1 EL Olivenöl
- 3 kleine Sternanise
- 40 g getrocknete Cranberrys

Pro Portion: 179 kcal / 9,1 g Fett / 1 g ges. Fette / 12,2 g Kohlenhydrate / 7,3 g Zucker / 0,5 g Salz / 4,3 g Ballaststoffe / 11,1 g Proteine

1. Den Backofen auf 180 °C vorheizen. Die Sojabohnen auf ein Backblech geben, mit Ingwer und Pfefferkörnern bestreuen, mit Sojasauce beträufeln und vermischen.

2. Die Sternanise dazugeben. Ohne Abdeckung in den vorgeheizten Ofen schieben und 15 Minuten rösten.

3. Die Cranberrys einrühren und auskühlen lassen. In ein kleines Schraubglas füllen und innerhalb von 12 Stunden verzehren.

EXTRATIPP

Edamame sind sehr vielseitig und enthalten wesentlich mehr Nährstoffe als Tiefkühl-Erbsen.

1

2

3

3

KÜRBISMUFFINS MIT BISS

Diese würzigen Muffins werden nur ganz leicht gesüßt – ofenwarm mit Butter bestrichen sind sie einfach köstlich.

ERGIBT: 12 MUFFINS   ZUBEREITUNG: 25–30 MIN., PLUS ABKÜHLEN   BACKEN: 20 MIN.

Olivenöl, zum Bestreichen
250 g geschälter, entkernter Kürbis, in 1-cm-Würfel geschnitten
4-cm-Stück frische Ingwerwurzel, abgebürstet und grob gerieben
3 Eier
4 EL Ahornsirup
225 g fettarmer Naturjoghurt
150 g Weizenvollkornmehl
100 g feines Maismehl
3 TL Backpulver
1 TL Lebkuchengewürz
3 EL Kürbiskerne

Pro Muffin: 144 kcal / 3,7 g Fett / 1 g ges. Fette / 23,3 g Kohlenhydrate / 5,8 g Zucker / 0,9 g Salz / 1,6 g Ballaststoffe / 5,7 g Proteine

1. Den Backofen auf 190 °C vorheizen. Die 12 Mulden eines Muffinblechs mit Öl bestreichen.

2. Den Kürbis in einen Topf mit Dämpfeinsatz geben und über köchelndem Wasser 15 Minuten dämpfen, bis er weich ist. Zerdrücken und mit dem geriebenen Ingwer vermischen.

3. Eier, Ahornsirup und Joghurt in einer Schüssel vermischen.

4. Mehl, Maismehl, Backpulver und Lebkuchengewürz in einer großen Schüssel vermengen. Zerdrückten Kürbis und Eiermischung einrühren, bis alles gerade vermischt ist.

5. Den Teig in die vorbereitete Form füllen, mit den Kürbiskernen bestreuen und 20 Minuten im vorgeheizten Ofen backen, bis die Muffins aufgegangen und goldbraun sind. 5 Minuten in der Form abkühlen lassen, dann die Ränder mit einem Messer lösen und die Muffins auf einem Kuchengitter vollständig auskühlen lassen. Am besten innerhalb von 2 Tagen verzehren.

2

3

5

6

DREIERLEI QUINOA-POWER

Ein Rezept – drei verschiedene Aromen.
Diese Super-Power-Bällchen sind ein prima Snack zum Mitnehmen.

ERGIBT: 24 BÄLLCHEN ZUBEREITUNG: 35 MIN., PLUS ABKÜHLEN GAREN: 35 MIN.

115 g Quinoa
350 ml kochendes Wasser
3 Tomaten, halbiert
2 Knoblauchzehen, fein gehackt
2 TL abgezupfte frische Thymianblätter
Meersalz und Pfeffer
2 EL natives Olivenöl extra
115 g junger Spinat, abgespült und abgetropft
175 g Feta (Abtropfgewicht), fein gerieben
1 Prise frisch geriebene Muskatnuss
25 g entsteinte schwarze Oliven, fein gehackt
1 EL frisch gehacktes Basilikum
süße Chilisauce, zum Servieren (nach Belieben)

Pro Bällchen: 52 kcal / 3,1 g Fett / 1,3 g ges. Fette / 4,3 g Kohlenhydrate / 0,8 g Zucker / 0,3 g Salz / 1,9 g Ballaststoffe / 2 g Proteine

1. Quinoa und Wasser in einen Topf geben und 20 Minuten bei mittlerer Hitze unter gelegentlichem Rühren köcheln lassen, bis die Quinoa weich ist und das Wasser vollständig aufgenommen hat.

2. Inzwischen den Backofengrill vorheizen. Die Tomaten mit der Schnittseite nach oben auf einen mit Alufolie belegten Grillrost legen. Mit Knoblauch, Thymian und etwas Salz und Pfeffer bestreuen. Mit 1 Esslöffel Öl beträufeln und 10 Minuten grillen.

3. Den Spinat in eine beschichtete Pfanne geben und 2–3 Minuten garen, bis er zusammenfällt. Aus der Pfanne heben und fein hacken. Dann mit einem Drittel der Quinoa und des Käses vermischen und mit ein wenig Muskat, Salz und Pfeffer würzen.

4. Die Tomaten schälen, hacken und zum Saft in die Spinatpfanne geben. Ein weiteres Drittel der Quinoa zugeben und 2–3 Minuten garen, bis die Mischung so trocken ist, dass man sie zu Bällchen formen kann. Vom Herd nehmen und ein Drittel des Käses einrühren.

5. Die restliche Quinoa mit restlichem Käse, Oliven, Basilikum und etwas Salz und Pfeffer verrühren. Aus jeder Quinoaportion 8 Bällchen formen und bis zum Servieren in den Kühlschrank stellen.

6. Den Backofen auf 180 °C vorheizen. Ein tiefes Backblech mit dem restlichen Öl bestreichen. Die Quinoabällchen darauflegen und unter einmaligem Wenden 10 Minuten backen, bis sie goldbraun sind und der Käse geschmolzen ist. Heiß oder kalt mit Chilisauce zum Dippen servieren. Die abgekühlten Quinoabällchen in einen luftdicht verschließbaren Behälter geben, in den Kühlschrank stellen und innerhalb von 2–3 Tagen verzehren.

1

1

2

NUSSMISCHUNG IN KRÄUTERSALZ

Ganz einfach zuzubereiten und so köstlich! Diese gerösteten Nüsse strotzen nur so vor Proteinen, gesunden Fetten und Aromen.

PORTIONEN: 4 ZUBEREITUNG: 10 MIN., PLUS ABKÜHLEN GAREN: 5 MIN.

1 EL Olivenöl
2 frische Rosmarinzweige, Nadeln abgezupft
55 g Cashewnusskerne
55 g Pekannusskerne
55 g Mandelkerne
55 g Haselnusskerne
½ TL Meersalz

Pro Portion: 366 kcal / 34,4 g Fett / 3,5 g ges. Fette / 11,3 g Kohlenhydrate / 2,5 g Zucker / 0,7 g Salz / 4,8 g Ballaststoffe / 8,7 g Proteine

1. Das Öl mit dem Rosmarin in einer Pfanne erhitzen, dann rühren, damit die Rosmarinnadeln vollständig mit Öl überzogen sind. Alle Nüsse zugeben und bei mittlerer Hitze 2–3 Minuten unter gelegentlichem Rühren rösten.

2. Das Salz einrühren, dann die Nüsse in eine Schüssel geben und bis zum Verzehr abkühlen lassen. Übrig gebliebene Nüsse können in einem Kunststoffbehälter bis zu 3 Tage im Kühlschrank gelagert werden.

EXTRATIPP

Ersetzen Sie Rosmarin durch Currypulver oder eine Mischung aus gemahlenem Kreuzkümmel, Garam masala, geräuchertem Paprikapulver und 1 Prise Chili.

Unterwegs

EDAMAME

Diese unreifen grünen Sojabohnen in der Hülse sind eine beliebte Zutat in der japanischen Küche. Sie werden meistens ganz kurz gekocht und mit Salz bestreut serviert. Tiefgefroren in vielen Asia-Shops erhältlich.

LITSCHIS

Diese subtropischen Früchte stammen ursprünglich aus China. In der traditionellen chinesischen Medizin werden alle Teile verwertet, also Fruchtfleisch, Samen, Rinde, Wurzel und Blüten.

ROTE BETE

Die erdige Süße der Roten Bete und ihre eindrucksvollen Nährwerte haben sie in den letzten Jahren wieder populär gemacht. Auch die Blätter können verwertet werden, indem Sie sie einfach wie Spinat zubereiten.

KÜRBISKERNE

Diese Superkerne enthalten einen hohen Anteil an Zink und Magnesium und passen zu vielen Gerichten.

APRIKOSEN

Wie Pfirsiche und Pflaumen zählen sie zu den Rosengewächsen. Sie sind reich an Vitamin A und eine gute Quelle für Vitamin C, Kalium und Ballaststoffe.

MANDELN

Als eines der wertvollsten Superfoods strotzen Mandeln förmlich vor gesunden Fetten und Eiweiß. Wählen Sie ungeschälte Mandeln, weil sie die meisten Nährstoffe enthalten.

GEMÜSECHIPS MIT KRÄUTER-KNOBLAUCH-DIP

Chips selbst zuzubereiten ist kinderleicht. Und dieser Snack ist garantiert frei von irgendwelchen Zusatzstoffen.

PORTIONEN: 4 ZUBEREITUNG: 30–35 MIN., PLUS ABKÜHLEN RÖSTEN: 30–39 MIN.

1 kg Wurzelgemüse, z. B. Karotten, Pastinaken, Süßkartoffeln, in sehr feine Scheiben geschnitten

4 EL natives Olivenöl extra

Meersalz und Pfeffer

KRÄUTER-KNOBLAUCH-DIP

200 g griechischer Joghurt

2 Knoblauchzehen, fein gehackt

4 EL frisch gehackte Kräuter, z. B. glatte Petersilie, Schnittlauch, Basilikum und Oregano

Pro Portion: 320 kcal / 9,6 g Fett / 1,1 g ges. Fette / 37,7 g Kohlenhydrate / 14,7 g Zucker / 1,8 g Salz / 8,4 g Ballaststoffe / 7,8 g Proteine

1. Den Backofen auf 200 °C vorheizen. Für den Dip den Joghurt in eine Schale geben, Knoblauch und Kräuter einrühren und alles mit Salz und Pfeffer würzen. Abgedeckt kalt stellen.

2. Die Gemüsescheiben in eine große Schüssel geben. Das Öl langsam unter Rühren darüberträufeln, bis alles gut überzogen ist.

3. Die Gemüsescheiben in je einer Lage auf drei Backblechen verteilen. Mit Salz und Pfeffer bestreuen. 8–10 Minuten backen, dann das Gargut prüfen. Gemüse, das schon knusprig ist (vor allem an den Rändern der Bleche), herausnehmen und auf einem Gitter abkühlen lassen. Die restlichen Chips 2–3 Minuten weiterrösten, dann zu den anderen auf das Gitter geben und abkühlen lassen.

4. Die Gemüsechips in eine Schüssel füllen und dazu den Dip reichen.

GERÖSTETE KICHERERBSEN MIT WÜRZMISCHUNG

Kichererbsen bestehen aus komplexen Kohlenhydraten, die langsam vom Körper verdaut werden und deshalb lange Energie spenden.

PORTIONEN: 4 ZUBEREITUNG: 15 MIN., PLUS ABKÜHLEN RÖSTEN: 18–24 MIN.

- 2 EL Olivenöl
- 1 TL grob zerstoßene Kreuzkümmelsamen
- 1 TL geräuchertes Paprikapulver
- ¼ TL gemahlener Piment
- ¼ TL Zimtpulver
- ½ TL Meersalz
- 800 g Kichererbsen aus der Dose, abgetropft
- 2 EL Dattelsirup

Pro Portion: 235 kcal / 8,3 g Fett / 1 g ges. Fette / 36 g Kohlenhydrate / 6,5 g Zucker / 0,8 g Salz / 5,7 g Ballaststoffe / 7,2 g Proteine

1. Den Backofen auf 200 °C vorheizen. Das Öl auf ein tiefes Backblech geben und 3–4 Minuten im Ofen erhitzen.

2. Kreuzkümmelsamen, Paprikapulver, Piment, Zimt und Salz in einer kleinen Schüssel gut vermischen.

3. Die Kichererbsen auf das Backblech geben, mit dem Dattelsirup beträufeln und mit der Gewürzmischung bestreuen. Alles durchmischen und 15–20 Minuten im vorgeheizten Ofen unter einmaligem Rühren knusprig goldbraun rösten.

4. Die würzigen Kichererbsen in eine Schüssel füllen und vor dem Servieren abkühlen lassen. Eventuelle Kichererbsenreste in einen Kunststoffbehälter geben und im Kühlschrank lagern.

EXTRA-AROMA

Dies ist ein einfach gemachter Snack und perfekt für unterwegs. Noch mehr Aroma erhalten Sie, wenn Sie etwas Tahini in den Sirup rühren, bevor Sie ihn dazugeben.

2

3

3

STUDENTENFUTTER

Diesen beliebten Snack kann man in jedem Supermarkt kaufen, aber er ist schnell selbst gemacht und Sie wissen, was drin steckt!

PORTIONEN: 12 ZUBEREITUNG: 10 MIN. GAREN: OHNE

85 g getrocknete Aprikosen, gehackt
85 g getrocknete Cranberrys
85 g geröstete Cashewkerne
85 g Haselnusskerne
85 g Paranusskerne, halbiert
85 g Mandelblättchen
4 EL geröstete Kürbiskerne
4 EL Sonnenblumenkerne
4 EL geröstete Pinienkerne

Pro Portion: 261 kcal / 20,6 g Fett / 2,7 g ges. Fette / 17 g Kohlenhydrate / 9,8 g Zucker / Spuren von Salz / 3,6 g Ballaststoffe / 6,9 g Proteine

1. Alle Zutaten in einen luftdicht schließenden Behälter geben, den Deckel verschließen und den Behälter mehrere Male schütteln. Vor jedem Öffnen den Behälter durchschütteln, dann wieder sorgfältig verschließen. Die Mischung bleibt bis zu 2 Wochen frisch, wenn der Behälter stets gut verschlossen ist.

1

3

4

MANDEL-APRIKOSEN-ENERGIESCHNITTEN

Diese laktosefreien Müslischnitten kann man prima mitnehmen, und sie eignen sich bestens als gesunder Snack am Vormittag.

ERGIBT: 15 SCHNITTEN ZUBEREITUNG: 25 MIN., PLUS ABKÜHLEN GAREN: 30 MIN.

115 g Kokosfett
85 g Muskovado-Zucker
60 g Mandelbutter oder eine andere Nussbutter
1 Dessertapfel, entkernt und grob gerieben
150 g Haferflocken
40 g braunes Reismehl
55 g Mandelkerne, grob gehackt
40 g Sonnenblumenkerne
200 g getrocknete Aprikosen, gewürfelt

Pro Schnitte: 235 kcal / 14 g Fett / 7,2 g ges. Fette / 26,6 g Kohlenhydrate / 14,6 g Zucker / Spuren von Salz / 3,5 g Ballaststoffe / 4,2 g Proteine

1. Den Backofen auf 180 °C vorheizen. Eine quadratische Backform (20 cm × 20 cm) mit Backpapier auslegen.

2. Kokosfett und Zucker in einem Topf auf niedriger Stufe erhitzen, bis das Fett schmilzt und der Zucker sich auflöst. Vom Herd nehmen und die Mandelbutter einrühren, bis die Masse glatt ist.

3. Apfel, Haferflocken, Mehl, Mandeln und Sonnenblumenkerne einrühren.

4. Zwei Drittel der Mischung in die vorbereitete Form löffeln und leicht andrücken. Die Aprikosen darüberstreuen und leicht in die Haferflockenmischung drücken. Die restliche Mischung so darübergeben, dass einzelne Aprikosenstückchen noch sichtbar sind.

5. Im vorgeheizten Ofen 25 Minuten backen, bis die Oberfläche goldbraun ist. Aus dem Ofen nehmen und fast ganz erkalten lassen. Dann in 15 Rechtecke schneiden. Die einzelnen Schnitten in einen Kunststoffbehälter geben. Im Kühlschrank bis zu 3 Tage lagern.

OHNE WEIZEN

Diese Schnitten enthalten kein Gluten. Aber lesen Sie die Packungsangabe auf den Haferflocken, manche können durch das Befüllen Spuren von Gluten enthalten.

SUPER-SAATEN-KNUSPERMÜSLI

Knuspermüsli wird üblicherweise mit Milch zum Frühstück gegessen, aber es ist auch ein toller Knuspersnack für zwischendurch.

PORTIONEN: 6 ZUBEREITUNG: 20 MIN., PLUS ABKÜHLEN BACKEN: 30–35 MIN.

150 g Haferflocken
40 g Kürbiskerne
40 g Sonnenblumenkerne
40 g Sesamsaat
2 EL Muskovado-Zucker
1 TL Zimtpulver
2 EL Olivenöl
2 EL flüssiger Honig
Saft von 1 kleinen Orange
40 g getrocknete Apfelscheiben, gewürfelt
40 g getrocknete Blaubeeren
40 g getrocknete Cranberrys

Pro Portion: 358 kcal / 16,3 g Fett / 2,2 g ges. Fette / 48 g Kohlenhydrate / 23,5 g Zucker / Spuren von Salz / 6,2 g Ballaststoffe / 12,3 g Proteine

1. Den Backofen auf 160 °C vorheizen. Haferflocken, Kürbiskerne, Sonnenblumenkerne und Sesamsaat in eine Backform (18 cm × 28 cm) geben. Mit Zucker und Zimt bestreuen und alles verrühren.

2. Öl, Honig und Orangensaft darüberträufeln und vermischen. Im vorgeheizten Ofen 30–35 Minuten backen. Nach den ersten 15 Minuten die Form aus dem Ofen nehmen und alles einmal umrühren, dabei die Mischung von den Ecken und Rändern in die Mitte und umgekehrt schieben, da die Ränder schneller bräunen. Nicht zerdrücken, die Masse sollte klumpig bleiben. Wieder in den Ofen geben und alle 5–10 Minuten umrühren, damit das Müsli gleichmäßig goldbraun wird.

3. Getrocknete Äpfel, Blaubeeren und Cranberrys darübersteuen, dann untermischen und das Knuspermüsli erkalten lassen. In Kunststoffbehälter oder Gläser füllen und bis zu 4 Tage im Kühlschrank lagern.

MIX & MATCH

Die Kerne und Saaten können Sie ganz nach Geschmack zum Beispiel durch grob gehackte Mandeln oder ganze Haselnüsse ersetzen oder auch ganz weglassen.

1

2

3

3

2

AUF DER ARBEIT

Dieses Kapitel enthält gesunde, sättigende Snacks, die Sie wunderbar in die Firma mitnehmen können. So fällt es Ihnen leicht, auf den Gang zum Automaten oder Kiosk zu verzichten.

GERÖSTETE GRÜNKOHLCHIPS

Der Geschmack von Grünkohl kommt durch das Rösten schön zur Geltung. Diese Chips passen auch toll zu Suppen.

PORTIONEN: 4 ZUBEREITUNG: 20 MIN. BACKEN: 10–12 MIN.

250 g Grünkohl
2 EL Olivenöl
2 Prisen Zucker
2 Prisen Meersalz
2 EL geröstete Mandelblättchen, zum Garnieren

Pro Portion: 122 kcal / 9,6 g Fett / 1,1 g ges. Fette / 8,1 g Kohlenhydrate / 1,2 g Zucker / 0,4 g Salz / 1,7 g Ballaststoffe / 3 g Proteine

1. Den Backofen auf 150 °C vorheizen. Die dicken Stängel und die Mittelrippe vom Grünkohl entfernen, sodass etwa 125 g Blätter übrig bleiben. Abspülen und mit Küchenpapier sehr gut trocken tupfen. Die Blätter in mundgerechte Stücke zupfen und mit Öl und Zucker in eine Schüssel geben. Gut vermischen.

2. Die Hälfte der Blätter in einer Schicht auf einem großen Backblech verteilen. Mit 1 Prise Salz bestreuen und auf der untersten Schiene des vorgeheizten Ofens 4 Minuten sanft rösten.

3. Die Blätter durchrühren, dann das Blech anders herum in den Ofen schieben, sodass die vordere Kante jetzt hinten ist. 1–2 Minuten weitergaren, bis die Blätter knusprig und an den Rändern leicht gebräunt sind. Mit den restlichen Blättern ebenso verfahren. Vor dem Servieren die Grünkohlchips mit den gerösteten Mandeln bestreuen. Am besten schmecken die Chips ganz frisch.

EXTRATIPP

Wichtig ist, das Backblech auf der untersten Schiene zu platzieren, dort ist die Hitze milder. Regelmäßig prüfen, weil die Blätter schnell anbrennen.

1

1

3

2

3

4

6

REGENBOGEN-SUSHI-ROLLEN

Diese Sushi-Rollen stecken voller Antioxidantien und Vitamine, sie können mit verschiedenen Gemüsekombinationen gefüllt werden.

PORTIONEN: 4 ZUBEREITUNG: 30–35 MIN., PLUS ABKÜHLEN GAREN: 27–30 MIN.

175 g Sushi-Reis
750 ml kaltes Wasser
Meersalz
2 EL Mirin
1 EL Olivenöl
100 g dünner grüner Spargel, geputzt
4 Sushi-Noriblätter
105 g Sushi-Ingwer (Gari), abgetropft
25 g Grünkohl, in feine Streifen geschnitten
1 kleine rote Paprika, halbiert, entkernt und in feine Streifen geschnitten
1 kleine gelbe Paprika, halbiert, entkernt und in feine Streifen geschnitten
100 g Karotten, in Streifen geschnitten
100 g gekochte Rote Bete, abgetropft und in Streifen geschnitten
2 EL Tamari
2 EL chinesischer Reiswein

Pro Portion: 235 kcal / 4,1 g Fett / 0,5 g ges. Fette / 41,6 g Kohlenhydrate / 9 g Zucker / 4,3 g Salz / 4,9 g Ballaststoffe / 6,2 g Proteine

1. Reis und Wasser mit etwas Salz in einen Topf geben und unter gelegentlichem Rühren zum Kochen bringen. Die Hitze auf kleinste Stufe stellen, ein sauberes Küchentuch und den Deckel auflegen und 18–20 Minuten ziehen lassen, bis der Reis weich ist und das Wasser aufgesogen hat. Gegen Ende der Garzeit den Reis umrühren, damit er nicht am Boden ansetzt. Vom Herd nehmen und den Mirin vorsichtig einrühren. 10 Minuten abkühlen lassen.

2. Das Öl in einer Pfanne erhitzen, den Spargel hineingeben und auf mittlerer Stufe 3–4 Minuten braten, bis er weich ist. Beiseitestellen.

3. Eine Sushi-Matte mit Frischhaltefolie belegen und 1 Noriblatt darauflegen. Ein Viertel vom warmen Reis über das gesamte Noriblatt verteilen.

4. Ein Viertel des Ingwers überlappend in einem Streifen längs von einer Seite zur anderen über den Reis legen. Dann je ein Viertel von Spargel, Grünkohl, rote Paprika, gelbe Paprika, Karotten und Rote Bete als Streifen auf dem Reis verteilen. Nach der Roten Bete sollte noch ein Reisstreifen von 2 cm bleiben.

5. Mithilfe der Folie und der Matte das Noriblatt mit Füllung zu einer festen Rolle formen. Die Matte entfernen, die Enden der Folie verdrehen und die Rolle auf ein Tablett legen. Auf dieselbe Weise 3 weitere Rollen herstellen. Anschließend 1 Stunde in den Kühlschrank legen.

6. Zum Servieren Tamari und Reiswein in einer Schüssel vermischen und auf vier Dip-Schälchen verteilen. Die Nori-Rollen auswickeln und in jeweils fünf dicke Scheiben schneiden. Sofort servieren.

1

3

4

KÄSE-QUINOA-KRÄCKER MIT TOMATENSALSA

Diese Kräcker sind garantiert glutenfrei, denn sie bestehen aus Quinoamehl und Leinsamen.

PORTIONEN: 4 ZUBEREITUNG: 35 MIN., PLUS ABKÜHLEN BACKEN: 12–15 MIN.

40 g gelbe Leinsamen, plus 1 EL mehr zum Bestreuen
115 g Quinoamehl
½ TL Senfpulver
¼ TL Meersalz
1 Prise Cayennepfeffer
55 g Butter, gewürfelt
55 g Emmentaler, fein gerieben
2 Eier, 1 verquirlt, 1 getrennt
1 EL Sesamsaat

SALSA

2 Tomaten, in Spalten geschnitten
1 Frühlingszwiebel, in Ringe geschnitten
2–3 frische Korianderstängel
Meersalz und Cayennepfeffer

Pro Portion: 378 kcal / 25,5 g Fett / 11,5 g ges. Fette / 24,3 g Kohlenhydrate / 1,9 g Zucker / 1,7 g Salz / 5,9 g Ballaststoffe / 13,7 g Proteine

1. Den Backofen auf 190 °C vorheizen. Die Leinsamen in einer Gewürzmühle grob mahlen, dann in eine Schüssel geben und mit Quinoamehl, Senfpulver, Salz und Cayennepfeffer vermischen.

2. Die Butter mit den Fingerspitzen einarbeiten, bis die Mischung feinkrümelig ist. Den Käse untermischen, dann verquirltes Ei und Eigelb zugeben und mit den Händen zu einem groben Teig verarbeiten.

3. Den Teig durchkneten. Dann zwischen 2 Lagen Backpapier legen und zu einem Rechteck (25 cm × 20 cm) ausrollen. In 2,5 cm breite und 10 cm lange Streifen schneiden. Die Streifen vorsichtig trennen, aber mit leichtem Abstand zueinander auf dem Backpapier lassen. Ein Backblech unterschieben.

4. Das Eiweiß leicht verquirlen und die Teigstreifen damit bestreichen. Mit je 1 Esslöffel Sesamsaat und Leinsamen bestreuen. Im vorgeheizten Ofen 12–15 Minuten goldbraun backen. Dann auf dem Papier abkühlen lassen.

5. Inzwischen für die Salsa Tomaten, Frühlingszwiebel und Koriander fein hacken. Mit Salz und Cayennepfeffer würzen und zu den Kräckern servieren. Am besten frisch verzehren.

SUPERSAAT

Leinsamen sind die Samen des Flachses. Sie enthalten mehr Mineralstoffe als andere Saaten. Durch das Mahlen kann der Körper die Nährstoffe besser aufnehmen.

ZUCCHINI-WALNUSS-BRÖTCHEN

Dem Duft dieser Brötchen kann man kaum widerstehen!
Servieren Sie sie einfach nur mit Butter oder Ziegenfrischkäse.

ERGIBT: 8 BRÖTCHEN ZUBEREITUNG: 25 MIN., PLUS RUHEN BACKEN: 10–12 MIN.

Olivenöl, zum Bestreichen
450 g gemischtes Vollkornmehl, plus etwas mehr zum Bestäuben
1 TL Kümmelsamen
1 TL Meersalz
2 EL Rohrohrzucker
25 g Butter
2 TL Instant-Trockenbackhefe
200 g Zucchini, grob gerieben
150 ml lauwarmes Wasser
55 g Walnusskerne, grob gehackt

Pro Brötchen: 297 kcal / 9,9 g Fett / 2,5 g ges. Fette / 47,4 g Kohlenhydrate / 4,2 g Zucker / Spuren von Salz / 7,1 g Ballaststoffe / 9,3 g Proteine

1. Zwei Backbleche mit Backpapier auslegen. Ein Stück Frischhaltefolie mit Öl bestreichen.

2. Mehl, Kümmel, Salz und Zucker in einer Rührschüssel vermischen. Die Butter mit den Fingerspitzen einarbeiten, bis eine feinkrümelige Mischung entsteht. Die Hefe einrühren.

3. Die Zucchini unterheben, dann das lauwarme Wasser zugießen und alles zu einem weichen Teig kneten. Auf eine leicht bemehlte Arbeitsfläche legen, die Walnüsse zugeben und 5 Minuten kneten, bis der Teig weich und elastisch ist.

4. Den Teig in 8 Portionen aufteilen und zu Brötchen formen. Auf die vorbereiteten Backbleche legen. Locker mit geölter Frischhaltefolie abdecken und an einem warmen Ort 45 Minuten bis 1 Stunde ruhen lassen, bis der Teig aufgegangen ist.

5. Den Backofen auf 220 °C vorheizen. Die Folie entfernen, die Oberfläche der Brötchen mit etwas Mehl bestäuben und 10–12 Minuten im Backofen backen, bis sie goldbraun sind und beim Gegenklopfen hohl klingen. Auf ein Kuchengitter legen und vor dem Servieren abkühlen lassen. Die abgekühlten Brötchen in einen luftdicht schließenden Behälter geben und innerhalb von 2–3 Tagen verzehren.

EXTRATIPP

Wenn Sie kleine 200-ml-Backformen haben, können Sie auch Mini-Brotlaibe backen. Den Teig aufgehen lassen, bis er den oberen Rand der Form erreicht.

2

3

5

5

ZIEGENKÄSEBÄLLCHEN MIT HONIG & PISTAZIE

Diese leckeren, proteinhaltigen Käsebällchen sind im Nullkommanichts zubereitet und werden direkt aus dem Kühlschrank serviert.

ERGIBT: 12 BÄLLCHEN ZUBEREITUNG: 15 MIN., PLUS ABKÜHLEN GAREN: OHNE

150 g französischer Ziegenfrischkäse ohne Rinde

1 TL flüssiger Honig

Meersalz und Pfeffer

40 g Pistazienkerne, fein gehackt

Pro Bällchen: 54 kcal / 4,1 g Fett / 2 g ges. Fette / 1,5 g Kohlenhydrate / 0,8 g Zucker / 0,4 g Salz / 0,3 g Ballaststoffe / 3 g Proteine

1. Käse und Honig mit etwas Salz und Pfeffer in einer Schüssel vermischen.
2. Aus der Mischung gehäufte Teelöffel abstechen und auf eine Platte setzen, sodass sich etwa 12 Portionen ergeben.
3. Die Pistazien auf einen flachen Teller geben, dann jeweils eine Käseportion nehmen und in den Pistazien rollen, bis gleichmäßig überzogene Bällchen entstehen. Auf eine Platte geben und mindestens 1 Stunde in den Kühlschrank stellen. Eventuelle Pistazienreste in einen Gefrierbeutel geben und bis zu 3 Tage im Kühlschrank aufbewahren.

Auf der Arbeit

PISTAZIEN

Pistazien sind eigentlich keine Nüsse, sondern die Samen der Steinfrüchte des Pistazienbaums. Wie alle Samen sind sie sehr fetthaltig und kalorienreich.

HONIG

Honig, insbesondere neuseeländischer Manuka-Honig, wirkt antibakteriell und endzündungshemmend, sodass Schmerzen nach dem Auftragen schnell nachlassen.

DATTELN

Die natürliche Süße von Datteln ist ein wunderbarer Zuckerersatz. Außerdem sind Datteln wahre Nährstoffpakete, denn sie enthalten viele Ballaststoffe, Kalium, Magnesium und Vitamin A, B6 und K.

STRAUCHTOMATEN

Ihre rote Färbung erhalten Tomaten durch das Carotinoid Lycopin, das mit anderen Antioxidantien hilft, freie Radikale zu binden und die Zellmembranen zu schützen.

QUINOA

Dieses Superkorn stammt ursprünglich aus Peru und Bolivien. Es enthält alle essenziellen Aminosäuren, darunter z. B. Lysin, das sonst fast nur in Fleisch oder Fisch zu finden ist.

GRÜNKOHL

Im Zweifel immer für grün entscheiden! Grünkohl enthält viel Vitamin C, Folsäure und Eisen. Das dunkelgrüne Pigment Chlorophyll reichert das Blut mit Sauerstoff an und sorgt dafür, dass die Blutkörperchen gesund bleiben.

ROSMARINPOPCORN MIT SALZ & SESAM

Vergessen Sie fettige Chips mit Zusatzstoffen – für diese gesunde Alternative braucht man nur ein Bruchteil des Öls.

PORTIONEN: 4 ZUBEREITUNG: 10–15 MIN. GAREN: 6–8 MIN.

- 40 g Sesamsaat
- 2 EL Olivenöl
- 2 Rosmarinzweige, in Stücke gebrochen
- 200 g Popcorn-Mais
- 1 TL Meersalz
- 2 EL Balsamico (oder nach Geschmack)

Pro Portion: 79 kcal / 25,2 g Fett / 3,2 g ges. Fette / 30 g Kohlenhydrate / 1,6 g Zucker / 1,5 g Salz / 6,6 g Ballaststoffe / 6,4 g Proteine

1. Sesamsaat und 1 Teelöffel Öl in eine große Pfanne geben und bei mittlerer Hitze 2–3 Minuten rösten. Dabei die Pfanne gelegentlich rütteln, bis die Körner goldbraun sind und zu platzen beginnen. In eine Schüssel geben und die Pfanne mit Küchenpapier auswischen.

2. Restliches Öl und Rosmarin in die Pfanne geben und sanft erhitzen, dabei die Pfanne schwenken, damit die Rosmarinaromen vom Öl aufgenommen werden. Den Mais zugeben, abdecken und bei mittlerer Hitze 3–4 Minuten unter Schwenken garen, bis die Maiskörner geplatzt sind und das Popcorn fertig ist.

3. Vom Herd nehmen und mit dem gerösteten Sesam bestreuen. In eine Schüssel geben und mit Salz und Essig abschmecken. Vor dem Servieren den Rosmarin entfernen.

POPCORN PEPPT

Popcorn ist eine tolle Quelle für komplexe Kohlenhydrate. Aber meiden Sie kalorienhaltiges Popcorn mit Butter und Zucker!

1

2

3

KOKOS-HASELNUSS-TRÜFFEL

Diese kleinen Kraftpakete bestehen aus einem nährstoffreichen Mix an Mikronährstoffen, Vitaminen, Eiweiß und rohen Zutaten.

ERGIBT: 20 TRÜFFEL ZUBEREITUNG: 25 MIN. GAREN: OHNE

85 g ungeschälte Haselnusskerne
55 g Kakaosplitter, plus 1 EL mehr zum Dekorieren
6 weiche getrocknete Feigen, grob gehackt
25 g Kokosraspel, plus 2 EL mehr zum Dekorieren
1 EL Ahornsirup
fein abgeriebene Schale und Saft von ½ kleinen Orange

Pro Trüffel: 46 kcal / 3,5 g Fett / 1 g ges. Fette / 3,2 g Kohlenhydrate / 2,1 g Zucker / Spuren von Salz / 0,9 g Ballaststoffe / 1,3 g Proteine

1. Haselnüsse und Kakaosplitter in eine Küchenmaschine geben und sehr fein hacken.

2. Feigen, Kokosraspel, Ahornsirup, Orangenschale und Orangensaft zugeben und weitermixen, bis die Mischung sich zu einer Kugel formt.

3. Die Mischung aus der Küchenmaschine heben und in 20 gleich große Portionen aufteilen. Jede mit der Hand zu einem Trüffel rollen.

4. Auf Backpapier oder auf einem großen Teller den zusätzlichen Esslöffel Kakaosplitter fein hacken und mit den zusätzlichen Kokosraspeln vermischen. Die Trüffel nacheinander in der Kakao-Kokosnuss-Mischung rollen und in einen Kunststoffbehälter geben. Im Kühlschrank bis zu 3 Tage lagern.

KAKAOSPLITTER

Kakaopulver wird aus gerösteten Kakaobohnen hergestellt. Splitter hingegen werden aus der geschälten und zerkleinerten rohen Kakaobohne gewonnen und enthalten mehr Mineralien und Antioxidantien.

1

3

4

4

1

2

3

VOLLKORN-MUFFINS

Diese süßen, aromatischen Muffins enthalten jede Menge gesunde Zutaten. Genuss ohne Reue!

ERGIBT: 10 MUFFINS ZUBEREITUNG: 20–25 MIN., PLUS ABKÜHLEN BACKEN: 25–30 MIN.

225 g Weizenvollkornmehl
2 TL Backpulver
25 g heller Muskovado-Zucker
100 g getrocknete Aprikosen, fein gehackt
1 Banane, geschält und mit 1 EL frisch gepresstem Orangensaft zerdrückt
1 TL fein abgeriebene Orangenschale
300 ml Milch
1 Ei, verquirlt
3 EL Raps- oder Sonnenblumenöl
2 EL Haferflocken
Honig oder Ahornsirup, zum Servieren

Pro Muffin: 185 kcal / 5,5 g Fett / 0,6 g ges. Fette / 30,8 g Kohlenhydrate / 11,1 g Zucker / 0,7 g Salz / 3,7 g Ballaststoffe / 5,4 g Proteine

1. Den Backofen auf 200 °C vorheizen. Ein 12er-Muffinblech mit 10 Papierförmchen auslegen. Mehl und Backpulver in eine Schüssel sieben, im Sieb verbliebene Kleie wieder zum Mehl geben. Zucker und Aprikosen unterrühren.

2. Eine Mulde in die Mitte des Mehls drücken. Bananenmus, Orangenschale, Milch, Ei und Öl hineingeben und alles zu einem glatten Teig rühren. Den Teig auf die 10 Formen verteilen.

3. Die Muffins mit den Haferflocken bestreuen. 25–30 Minuten backen; der Teig sollte gut aufgegangen und elastisch sein. Die Muffins auf ein Kuchengitter legen. Warm mit etwas Honig oder Ahornsirup servieren.

3

4

5

5

KEKSE MIT SCHOKOLADE & QUINOA

Quinoamehl wird aus gemahlenen Quinoasamen hergestellt und ist eine glutenfreie Alternative zu Weizenmehl.

ERGIBT: 26 KEKSE ZUBEREITUNG: 30 MIN., PLUS ABKÜHLEN GAREN: 12–14 MIN.

55 g Kokosfett
100 g Bitterschokolade (70% Kakaoanteil), in Stücke gebrochen
55 g Quinoamehl
1 EL Kakaopulver
1 TL Natron
½ TL Zimtpulver
2 Eier
150 g Muskovado-Zucker
1 TL Vanilleextrakt

Pro Keks: 78 kcal / 4,3 g Fett / 3 g ges. Fette / 9,1 g Kohlenhydrate / 7,1 g Zucker / Spuren von Salz / 0,7 g Ballaststoffe / 1,2 g Proteine

1. Den Backofen auf 190 °C vorheizen. Drei Backbleche mit Backpapier auslegen.

2. Kokosfett und Schokolade in eine hitzebeständige Schüssel geben und auf einen Topf mit leicht köchelndem Wasser setzen. 5 Minuten unter gelegentlichem Rühren erwärmen, bis Fett und Schokolade geschmolzen sind. Darauf achten, dass die Schüssel nicht mit dem Wasser in Berührung kommt.

3. Quinoamehl, Kakaopulver, Natron und Zimt in einer separaten Schüssel vermischen.

4. Eier, Zucker und Vanilleextrakt in einer großen Rührschüssel vermischen, bis die Masse cremig ist. Erst die Schokoladenmischung einrühren, dann die Mehlmischung unterheben und glatt rühren.

5. Den Keksteig teelöffelweise auf die vorbereiteten Backbleche geben, dabei ausreichend Abstand lassen. Im vorgeheizten Ofen 7–9 Minuten backen, bis die Kekse außen knusprig, im Kern aber noch etwas weich sind. Auf den Blechen abkühlen und ein wenig aushärten lassen, dann in luftdicht verschließbare Behälter geben. Innerhalb von 3 Tagen verzehren.

KOKOS-DATTEL-SCHNITTEN

Diese knsuprigen Schnitten bestehen aus vielen naturbelassenen Zutaten, die Sie den ganzen Nachmittag aufnahmefähig halten.

ERGIBT: 12 SCHNITTEN ZUBEREITUNG: 30 MIN., PLUS ABKÜHLEN GAREN: OHNE

400 g Datteln, halbiert und entsteint
60 g ungeschälte Mandelkerne
60 g Cashewkerne, gehackt
35 g Chiasamen
2 EL Macapulver
2 TL Vanilleextrakt
20 g Kokosraspel
55 g Haselnusskerne, grob gehackt
25 g Pekannusskerne, in Hälften gebrochen

Pro Schnitte: 225 kcal / 11 g Fett / 2 g ges. Fette / 31,7 g Kohlenhydrate / 23,5 g Zucker / Spuren von Salz / 5,4 g Ballaststoffe / 4,2 g Proteine

1. Datteln, Mandeln und Cashewstücke in eine Küchenmaschine geben und fein hacken.

2. Chiasamen, Macapulver und Vanilleextrakt zufügen und weitermixen, bis die Mischung sich zu einer Kugel formt.

3. Zwei Lagen Backpapier vorbereiten. Eine auf die Arbeitsfläche legen und mit der Hälfte der Kokosraspel bestreuen. Die Teigkugel darauflegen, dann mit den Fingerspitzen zu einem Rechteck drücken. Mit der zweiten Lage Backpapier abdecken und zu einem 20 cm breiten und 30 cm langen Rechteck ausrollen. Das obere Backpapier abnehmen und die Dattelmasse mit Haselnüssen, Pekannüssen und restlichen Kokosraspeln bestreuen. Dann wieder abdecken und mit einer Teigrolle die Nüsse leicht in den Teig drücken.

4. Das obere Backpapier lockern, dann den Teig mithilfe des unteren Papiers auf ein Backblech legen und 3 Stunden oder über Nacht in den Kühlschrank stellen, bis die Masse fest ist.

5. Das obere Backpapier abnehmen, die Platte in 12 Stücke schneiden, die Schnitten vom Papier lösen und in einen Kunststoffbehälter legen. Zwischen die einzelnen Stücke Backpapier legen, damit sie nicht aneinanderkleben. Bis zu 3 Tage im Kühlschrank lagern.

3

ENERGIESCHUB

Zu einem gesunden Lebensstil gehört auch regelmäßige Bewegung. Diese supergesunden Snacks enthalten viel Protein und gesunde Fette, um Ihre Energiereserven wieder aufzufüllen.

ERDNUSSBUTTER-APFEL-SANDWICH

Diese Fruchtsandwiches sind perfekt für Sportler. Sie werden ohne glutenhaltige Nahrungsmittel mit reichlich Energie versorgt.

PORTIONEN: 4 ZUBEREITUNG: 20 MIN. GAREN: OHNE

- 2 ungeschälte Granny-Smith-Äpfel
- 2 ungeschälte rote Äpfel
- Saft von 2 Zitronen
- 115 g grobe Erdnussbutter
- 4 EL getrocknete Cranberrys, grob gehackt
- 2 EL Sonnenblumenkerne
- 2 EL Haferflocken
- 60 g getrocknete Aprikosen, gewürfelt
- 35 g ungeschälte Haselnusskerne, grob gehackt

Pro Portion: 468 kcal / 23,4 g Fett / 3 g ges. Fette / 63,5 g Kohlenhydrate / 43,1 g Zucker / Spuren von Salz / 10,7 g Ballaststoffe / 11 g Proteine

1. Beide Äpfel in je 6 Scheiben schneiden, dann die Kerne (Kerngehäuse braucht nicht entfernt zu werden) herauslösen. Die Scheiben in eine Schüssel geben und gleichmäßig mit dem Zitronensaft beträufeln, damit sie nicht braun werden.

2. Die Scheiben abtropfen lassen, auf ein Schneidebrett legen und jede Scheibe mit der Erdnussbutter bestreichen. Die Hälfte der Scheiben mit Cranberrys, Sonnenblumenkernen, Haferflocken, Aprikosen und Haselnüssen bestreuen.

3. Mit den restlichen Apfelscheiben abdecken, dabei die bestrichene Seite nach unten legen, und fest zusammendrücken. Sofort servieren.

EIN APFEL AM TAG

Äpfel enthalten viel Vitamin C und Pektin – das Geliermittel in Konfitüre, das vorgeblich den Cholesterinspiegel senkt und die Darmflora anregt.

1

2

3

EIWEISS-BEEREN-SHAKE

Tiefgefrorene Beeren sollten immer vorrätig sein. Mit proteinhaltigen Nüssen gemixt ergeben sie einen gesunden Shake.

PORTIONEN: 4 ZUBEREITUNG: 10–15 MIN. GAREN: OHNE

250 g tiefgefrorene gemischte Erdbeeren und Blaubeeren
40 g Paranüsse
40 g Cashewkerne, gehackt
25 g Haferflocken
450 ml Mandelmilch
2 EL Ahornsirup

Pro Portion: 213 kcal / 12,8 g Fett / 2,4 g ges. Fette / 23,2 g Kohlenhydrate / 11,6 g Zucker / 0,2 g Salz / 3,5 g Ballaststoffe / 4,7 g Proteine

1. Beeren, Paranüsse und Cashewkerne in einen Standmixer geben. Die Haferflocken darüberstreuen und die Hälfte der Mandelmilch darübergießen. Glatt mixen.

2. Restliche Milch und Ahornsirup zugießen und erneut glatt mixen. Auf vier Gläser verteilen und sofort mit Löffeln servieren. Sobald der Shake ruht, setzen sich die Fruchtbestandteile ab, aber sobald Sie rühren, vermischt sich wieder alles.

PROTEIN-POWER

Proteine oder Eiweiße werden zum Aufbau der Körperzellen sowie für Wachstum und Reparatur von Muskeln benötigt. Außerdem sind sie an der Hormonproduktion beteiligt.

1

1

2

2

1

3

4

PUTENROLLEN MIT REGENBOGENMANGOLD

Regenbogenmangold mit rosa, roten, gelben oder weißen Stängeln ist eine farbenfrohe Alternative zu Grünkohl.

ERGIBT: 8 ROLLEN | ZUBEREITUNG: 30 MIN. | GAREN: OHNE

8 Blätter Regenbogenmangold (die Blätter sollten etwas größer als die Putenscheiben sein)
1 Avocado, halbiert und entsteint
Saft von 1 Zitrone
8 Scheiben Putenbrustaufschnitt
150 g Hummus
2 Frühlingszwiebeln, geputzt und in feine Streifen geschnitten
1 Karotte, in Stifte geschnitten
100 g Zucchini, in Stifte geschnitten

Pro Rolle: 104 kcal / 6,1 g Fett / 1 g ges. Fette / 7,5 g Kohlenhydrate / 1,6 g Zucker / 0,5 g Salz / 3,6 g Ballaststoffe / 6,5 g Proteine

1. Die Stiele von den Mangoldblättern abschneiden, in feine Stifte schneiden und beiseitelegen. Die Avocado schälen und in lange, dünne Streifen schneiden. Dann den Zitronensaft darüberträufeln und die Streifen beiseitestellen.

2. Die Mangoldblätter mit der glänzenden Seite nach unten auf ein Schneidebrett legen. Jedes Blatt mit einer Putenscheibe belegen und darauf etwas Hummus verstreichen.

3. Mangoldstiele, Frühlingszwiebeln, Karotte und Zucchini auf die Mangoldblätter verteilen, dabei die Zutaten in der Mitte aufhäufen.

4. Mit den Avocadoscheiben belegen, dann die Blätter vom Stielansatz bis zur Spitze aufrollen. Mit den Nahtstellen auf das Schneidebrett legen.

5. Jede Rolle in dicke Scheiben schneiden und auf Serviertellern anrichten. Oder jede Rolle in Frischhaltefolie wickeln und 1 Stunde in den Kühlschrank legen. Möglichst nicht länger aufbewahren, da sich die Avocadoscheiben verfärben.

ESST MEHR GEMÜSE!

Wenn Sie rohes Gemüse in Energie spendende Snacks wie diese verpacken, nehmen Sie viele Vitamine zu sich. Jede Gemüsesorte eignet sich dafür.

SÜSSKARTOFFELN MIT FÜLLUNG

Diese Version der Backofenkartoffel lehnt sich an die orientalische Küche an. Kichererbsen und Tomaten lassen Sie aufleben.

PORTIONEN: 4 ZUBEREITUNG: 20–25 MIN. GAREN: 50–55 MIN.

- 4 kleine Süßkartoffeln, abgebürstet
- 1 EL Olivenöl
- 1 kleine Zwiebel, gehackt
- 1 Knoblauchzehe, fein gehackt
- 1 TL gemahlener Koriander
- 1/2 TL gemahlener Kreuzkümmel
- 200 g Tomaten, geschält und gewürfelt
- 2 TL Tomatenmark
- 200 g Kichererbsen aus der Dose, abgetropft
- Meersalz und Pfeffer
- 4 EL frisch gehackter Koriander
- 115 g fettarmer Joghurt

Pro Portion: 257 kcal / 4,2 g Fett / 0,5 g ges. Fette / 47,8 g Kohlenhydrate / 9,8 g Zucker / 0,9 g Salz / 8,1 g Ballaststoffe / 8,4 g Proteinee

1. Den Backofen auf 190 °C vorheizen. Die Süßkartoffeln mit einer Gabel einstechen, auf ein Backblech legen und 45–50 Minuten im vorgeheizten Ofen backen, bis sie weich sind, wenn man dagegendrückt.

2. Inzwischen das Öl in einer kleinen Pfanne erhitzen und die Zwiebel darin bei mittlerer Hitze 4–5 Minuten dünsten, bis sie weich ist. Knoblauch, gemahlenen Koriander und Kreuzkümmel einrühren und 1 Minuten weitergaren.

3. Tomaten, Tomatenmark und Kichererbsen einrühren und alles mit ein wenig Salz und Pfeffer bestreuen. Abdecken und 10 Minuten köcheln lassen. Dann vom Herd nehmen und beiseitestellen.

4. Die Süßkartoffeln auf einen Teller geben, jede der Länge nach fast ganz aufschneiden und etwas öffnen. Die Kichererbsen erneut erhitzen und über die Kartoffeln geben. Die Hälfte des frischen Korianders in den Joghurt rühren, diesen auf den Kichererbsen verteilen. Mit dem restlichen Koriander bestreuen und sofort servieren.

IM ÜBERFLUSS

Süßkartoffeln haben im Überfluss Betacarotin, das als Antioxidans wirkt, zu bieten. Außerdem enthalten sie Vitamin C und A – genau richtig nach dem Sport.

1

3

3

2

3

5

5

PUTENKROKETTEN MIT PARMESAN-LEINSAMEN-KRUSTE

Auf den ersten Blick sieht es nicht nach gesundem Snack aus, aber diese Kroketten werden nicht im Fett, sondern im Backofen gebacken.

PORTIONEN: 4 ZUBEREITUNG: 35–40 MIN. BACKEN: 20–25 MIN.

4 Frühlingszwiebeln, in je 4 Stücke geschnitten

1 kleine rote Paprika, entkernt und in Stücke geschnitten

1 Karotte, grob gerieben

2 TL frische Thymianblätter

500 g frisches Putenhackfleisch

1 TL Paprikapulver edelsüß

1 kleiner getrockneter Chipotle-Chili, fein gehackt

Meersalz und Pfeffer

1 Ei

1 EL kaltes Wasser

25 g frisch geriebener Parmesan

55 g gelbe Leinsamen, fein gemahlen

Olivenöl, zum Bestreichen

AVOCADO-DIP

1 große reife Avocado, halbiert und entkernt

abgeriebene Schale und Saft von 1 Limette

2 EL fettarmer Joghurt

Pro Portion: 414 kcal / 22,4 g Fett / 3,8 g ges. Fette / 14,4 g Kohlenhydrate / 3,4 g Zucker / 1,2 g Salz / 8,9 g Ballaststoffe / 40,3 g Proteinee

1. Den Backofen auf 200 °C vorheizen. Ein Backblech mit Backpapier belegen. Frühlingszwiebeln und Paprika in einer Küchenmaschine fein hacken. Karotte, Thymian und Putenfleisch zugeben, dann Paprikapulver, Chili und ein wenig Salz und Pfeffer darüberstreuen. Mixen, bis alles gut vermischt ist.

2. Mit einem Teelöffel 16 Portionen der Mischung abstechen, auf ein Schneidebrett legen und zu ovalen Kroketten formen.

3. Ei, Wasser und ein wenig Salz und Pfeffer in einem tiefen Teller vermischen. Käse und Leinsamen in einem zweiten tiefen Teller vermischen. Eine Krokette nach der anderen durchs Ei ziehen, dann mit zwei Gabeln herausheben, abtropfen und in der Käsemischung wenden. Auf das vorbereitete Backblech legen. Alle Kroketten auf diese Weise panieren.

4. Im vorgeheizten Ofen 20–25 Minuten backen, bis die Kroketten goldbraun sind. Nach der Hälfte der Backzeit einmal wenden und bei Bedarf mit Öl bestreichen. Zur Garprobe eine Krokette halbieren, der austretende Fleischsaft sollte klar sein und nicht rosa.

5. Wenn die Kroketten fast fertig gegart sind, den Dip zubereiten. Dafür die Avocado aus der Schale löffeln, mit Limettenschale und -saft sowie dem Joghurt vermischen. In eine kleine Schale füllen und diese auf einen großen Servierteller stellen. Die heißen Kroketten daneben anrichten und sofort servieren.

Energieschub

CHIASAMEN

Diese Samen waren bei den Maya und Azteken hoch geschätzt und sollen sogar wertvoller als Gold gewesen sein. Kein Wunder – denn diese winzigen Samen sind Nährstoffbomben voller wichtiger Fette und Antioxidantien.

BLAUBEEREN

Blaubeeren, auch Heidelbeeren genannt, zählen zu den wirkungsvollsten Superfoods. Sie enthalten so viele Antioxidantien wie fünf Portionen anderer Obst- oder Gemüsesorten.

ERDNUSSBUTTER

Qualitativ hochwertige Erdnussbutter ist ein hervorragender Lieferant von Eiweiß und einfach ungesättigten Fettsäuren. Sie sollten aber unbedingt ungesüßte Bio-Ware kaufen, um in den Genuss der gesundheitlichen Vorzüge zu kommen.

GOJIBEEREN

Diese kleinen roten Beeren stecken voller Carotine, die das Immunsystem ankurbeln. Untersuchungen zufolge können sie Herzerkrankungen und Krebs vorbeugen, wenn sie regelmäßig verzehrt werden.

HAFERFLOCKEN

Haferflocken, die aus dem ganzen Korn hergestellt werden, fördern die Verdauung und wirken entzündungshemmend. Sie enthalten außerdem – ähnlich wie Soja – viele Proteine. Aus dem geschälten Korn hergestellte Hafergrütze hat von allen Zerealien den höchsten Proteinanteil.

2

3

4

HÄHNCHEN-BÄLLCHEN MIT GRÜNKOHL & CHIASAMEN

Diese kleinen, feinen Bällchen beeindrucken mit ihren Nährwerten, die in magerem Hähnchen, Grünkohl und Chiasamen enthalten sind.

ERGIBT: 16 BÄLLCHEN ZUBEREITUNG: 20–25 MIN., PLUS ABKÜHLEN DÄMPFEN: 21 MIN.

2 Hähnchenbrustfilets (à 125 g)
1 Knoblauchzehe, fein gehackt
Meersalz und Pfeffer
55 g Grünkohl, in Streifen geschnitten
115 g fettarmer Frischkäse
abgeriebene Schale von 1 Zitrone, plus Zitronenspalten zum Servieren
2 TL Chiasamen
frisches Chutney oder Pickles, zum Servieren

Pro Bällchen: 36 kcal / 1,6 g Fett / 0,7 g ges. Fette / 1,1 g Kohlenhydrate / 0,4 g Zucker / 0,3 g Salz / 0,2 g Ballaststoffe / 4,1 g Proteinee

1. Die Hähnchenbrustfilets in einen Dämpfeinsatz geben und über einen halb mit kochendem Wasser gefüllten Topf setzen. Mit Knoblauch, Salz und Pfeffer bestreuen, den Deckel auflegen und bei mittlerer Hitze 20 Minuten dämpfen. Zur Garprobe das Fleisch mit einem scharfen Messer einstechen, der austretende Fleischsaft sollte klar sein und nicht rosa.

2. Den Grünkohl mit in den Dämpfeinsatz geben und 1 Minute leicht weich garen.

3. Den Dämpfeinsatz vom Topf nehmen und abkühlen lassen. Dann Filet und Grünkohl fein hacken.

4. Frischkäse, Zitronenschale und Chiasamen vermischen. Hähnchen und Grünkohl einrühren. Abschmecken und ggf. mit Salz und Pfeffer nachwürzen.

5. Mit zwei Teelöffeln 16 kleine Portionen aus der Masse abstechen und auf einen Teller geben. Zu Bällchen formen und in einen Kunststoffbehälter legen. Fest verschließen und bis zu 2 Tage im Kühlschrank lagern. Mit frischem Chutney und Zitronenspalten servieren.

RESTE OHNE REUE

Wenn Sie Brathähnchenreste übrig haben, beginnen Sie das Rezept mit dem Dämpfen des Grünkohls und hacken Sie diesen dann mit dem Hähnchen.

INGWER-HAFERFLOCKEN-KEKSE OHNE BACKEN

Diese zuckerfreien Kekse sind trotzdem süßlich. Die Kombination von Ingwer und Haferflocken macht sie einfach unwiderstehlich.

ERGIBT: 8 KEKSE   ZUBEREITUNG: 10–15 MIN., PLUS ABKÜHLEN   GAREN: 8–10 MIN.

50 g Butter
200 g Sahne
1 gehäufter EL ungesalzene cremige Erdnussbutter
3 EL Honig
1 EL gemahlener Ingwer
200 g großblättrige Haferflocken

Pro Keks: 175 kcal / 11,8 g Fett / 6,3 g ges. Fette / 14 g Kohlenhydrate / 1,6 g Zucker / 0,2 g Salz / 2 g Ballaststoffe / 3,8 g Proteinee

1. Butter, Sahne und Erdnussbutter in einen Topf geben und unter gelegentlichem Rühren bei mittlerer Hitze langsam zum Kochen bringen. Die Temperatur leicht reduzieren und die Masse 5 Minuten köcheln lassen.

2. Die restlichen Zutaten in den Topf geben und verrühren.

3. Ein Backblech mit Backpapier auslegen. 8 esslöffelgroße Portionen von der Mischung abstechen und aufs Backpapier legen. Abdecken und mindestens 25 Minuten in den Kühlschrank stellen.

POPCORN-SCHOKO-SCHNITTEN MIT GOJIBEEREN, MANGO & PISTAZIEN

Diese Version von „Kühlschrank-Kuchen" enthält mineralstoffhaltige Trockenfrüchte und Kerne – ein toller Energiespender.

ERGIBT: 12 STÜCK ZUBEREITUNG: 25 MIN., PLUS ABKÜHLEN GAREN: 6–8 MIN.

1 EL Olivenöl
40 g Popcorn-Mais
115 g grobe Erdnussbutter
2 EL Kokosfett
2 EL Ahornsirup
6 EL Milch
100 g Bitterschokolade (70 % Kakaoanteil), in Stücke gebrochen
25 g Gojibeeren, grob gehackt
25 g getrocknete Mangoscheiben, fein gehackt
25 g Pistazienkerne, grob gehackt
15 g Sonnenblumenkerne
15 g Kürbiskerne

Pro Stück: 195 kcal / 13,8 g Fett / 5,4 g ges. Fette / 13,3 g Kohlenhydrate / 7,5 g Zucker / 0,1 g Salz / 2,2 g Ballaststoffe / 4,5 g Proteinee

1. Eine flache, quadratische Backform (20 cm × 20 cm) mit Backpapier auslegen.

2. Das Olivenöl in einer Pfanne erhitzen, den Popcorn-Mais zugeben, abdecken und auf mittlerer Stufe 3–4 Minuten erhitzen, bis der Mais geplatzt ist. In eine Schüssel geben, nicht geplatzte Körner entfernen und die Pfanne mit Küchenpapier auswischen.

3. Erdnussbutter, Kokosfett, Ahornsirup und Milch hineingeben und 2–3 Minuten bei kleiner Hitze glatt rühren. Vom Herd nehmen, die Schokolade zufügen und 4–5 Minuten stehen lassen, bis die Schokolade geschmolzen ist.

4. Das Popcorn zur Schokoladenmischung geben und leicht verrühren. In die vorbereitete Form geben und mit einer Gabelrückseite andrücken. Dann Gojibeeren, Mangos, Pistazien, Sonnenblumen- und Kürbiskerne darüberstreuen. Den Belag vorsichtig in die Schokoladenmischung drücken, dann 2 Stunden im Kühlschrank fest werden lassen.

5. Die Schokoladenmischung aus der Form auf ein Schneidebrett heben, das Backpapier vorsichtig abziehen und beiseitelegen. Die Mischung mit einem scharfen Messer in 12 Stücke schneiden und diese in einen Kunststoffbehälter legen. Das Papier zum Trennen dazwischenlegen. Bis zu 4 Tage im Kühlschrank lagern.

2

4

4

5

ENERGIEKUGELN MIT SCHOKOLADE & ERDNUSSBUTTER

Schokolade mit hohem Kakaoanteil enthält Antioxidantien, die beispielsweise auch in Rotwein vorhanden sind.

ERGIBT: 8 KUGELN ZUBEREITUNG: 20–25 MIN., PLUS ABKÜHLEN GAREN: OHNE

50 g blanchierte Mandeln
60 g Erdnussbutter
20 g ungesalzene Erdnüsse, grob gehackt
3 EL Leinsamen
30 g Bitterschokolade (80 % Kakaoanteil), fein gehackt
Meersalz
1 TL Kakaopulver

Pro Kugel: 144 kcal / 11,9 g Fett / 2,1 g ges. Fette / 5,9 g Kohlenhydrate / 1,7 g Zucker / 0,3 g Salz / 3 g Ballaststoffe / 4,9 g Proteine

1. Die Mandeln in eine Küchenmaschine geben und 1 Minute zerkleinern, bis sie grob gemahlen sind.

2. Erdnussbutter, Erdnüsse, Leinsamen und Schokolade mit einer Prise Salz in einer kleinen Schüssel verrühren. Das Mandelmehl bis auf 1 1/2 Esslöffel zufügen. Gut vermischen, sodass ein feuchter Teig entsteht.

3. Restliches Mandelmehl und Kakaopulver auf einen Teller streuen und vermengen. Aus der Erdnussmischung eine esslöffelgroße Portion abstechen und diese mit den Handflächen zu einer Kugel rollen. In der Mandel-Kakao-Mischung wälzen und auf einen Teller legen. Auf diese Weise 7 weitere Kugeln formen.

4. Abdecken und mindestens 30 Minuten in den Kühlschrank stellen. Sie halten sich dort bis zu 2 Tage.

BANANENRÖLLCHEN MIT TAHINI & DATTELSIRUP

Diese in Minutenschnelle zubereiteten Röllchen sind perfekt, wenn ein Nachmittagstief droht.

PORTIONEN: 4 ZUBEREITUNG: 15–20 MIN. GAREN: 5–6 MIN.

- 4 Weizenmehl-Tortillas (20 cm Ø)
- 4 EL Tahini
- 4 EL Dattelsirup
- 4 Bananen, geschält

Pro Portion: 354 kcal / 11,3 g Fett / 2,5 g ges. Fette / 60 g Kohlenhydrate / 25,4 g Zucker / 0,5 g Salz / 4,1 g Ballaststoffe / 9,4 g Proteine

1. Eine Pfanne vorheizen. Die Tortillas nacheinander hineinlegen und jeweils etwa 30 Sekunden von jeder Seite erhitzen.

2. Die Tortillas auf ein Schneidebrett legen, dünn mit dem Tahini bestreichen und mit dem Dattelsirup beträufeln. Je 1 ganze Banane an den Rand der Tortillas legen, dann aufrollen.

3. Jede Tortilla in Stücke schneiden, mit einem kleinen Holzspieß befestigen und auf einem Teller anrichten. Warm servieren.

BRAVO BANANE!

Bananen sind die einzigen Früchte, die sowohl Vitamin B6 enthalten als auch Tryptophan, das benötigt wird, um das „Wohlfühlhormon" Serotonin zu produzieren.

1

2

2

4

WOCHENEND-SNACKS

Auch am Wochenende wollen wir zwischendurch mal eine Kleinigkeit essen. Wir stellen Ihnen hier gesunde Snacks vor, die vielleicht etwas aufwendiger sind, aber garantiert gesund!

HÄHNCHEN-SATAY MIT ERDNUSSSAUCE

Hähnchenbrustfleisch ist eine der besten Proteinquellen, und Erdnussbutter enthält viele gesunde einfach ungesättigte Fettsäuren.

PORTIONEN: 4 ZUBEREITUNG: 25–30 MIN., PLUS MARINIEREN GAREN: 6–8 MIN.

4 Hähnchenbrustfilets (à 115 g), in 2-cm-Würfel geschnitten

4 EL Sojasauce

1 EL Speisestärke

2 Knoblauchzehen, fein gehackt

2,5-cm-Stück frische Ingwerwurzel, geschält und fein gehackt

1 Salatgurke, gewürfelt, zum Servieren

ERDNUSSSAUCE

2 EL Erdnuss- oder Pflanzenöl

½ Zwiebel, fein gehackt

1 Knoblauchzehe, fein gehackt

4 EL ungesüßte grobe Erdnussbutter

4-5 EL Wasser

½ TL Chilipulver

Pro Portion: 327 kcal / 16,8 g Fett / 2,9 g ges. Fette / 12,6 g Kohlenhydrate / 3,7 g Zucker / 2,4 g Salz / 2,2 g Ballaststoffe / 32,4 g Proteine

1. Die Hähnchenwürfel in eine Schale geben. Sojasauce, Speisestärke, Knoblauch und Ingwer in einer kleinen Schüssel vermischen und über das Hähnchen geben. Abdecken und mindestens 2 Stunden im Kühlschrank marinieren.

2. Inzwischen 12 Holzspieße 30 Minuten in kaltem Wasser einweichen. Den Backofengrill vorheizen und die Hähnchenstücke auf die Spieße stecken. Die Spieße in eine ofenfeste Grillpfanne legen und unter dem vorgeheizten Grill 3–4 Minuten garen. Wenden und 3–4 Minuten weitergrillen, bis das Fleisch gar ist. Zur Garprobe das Fleisch einschneiden, der austretende Saft sollte klar sein und nicht rosa.

3. Für die Sauce das Öl in einem Topf erhitzen, Zwiebel und Knoblauch zugeben und bei mittlerer Hitze unter häufigem Rühren 3–4 Minuten weich dünsten. Erdnussbutter, Wasser und Chilipulver zugeben und 2–3 Minuten weiterdünsten, bis eine Sauce entsteht. Die Spieße sofort mit der warmen Sauce und den Gurkenwürfeln servieren.

1

2

4

BRUSCHETTA MIT GRÜNKOHL & FRISCHEM KNOBLAUCH

Bei uns wird üblicherweise getrockneter Knoblauch verkauft, doch im Frühjahr sollten Sie unbedingt frischen Knoblauch probieren.

PORTIONEN: 4 ZUBEREITUNG: 25 MIN. GAREN: 25 MIN.

1 frische Knoblauchknolle
3 EL Olivenöl
4 Scheiben Sauerteig-Vollkornbrot (insgesamt 250 g)
85 g Grünkohl, in Streifen geschnitten
1 EL Balsamico
2 TL Granatapfelsirup
Meersalz und Pfeffer

Pro Portion: 278 kcal / 1,3 g Fett / 1,7 g ges. Fette / 35,4 g Kohlenhydrate / 3,6 g Zucker / 1,4 g Salz / 4,8 g Ballaststoffe / 7,3 g Proteine

1. Den Backofen auf 190 °C vorheizen. Den Knoblauch auf Alufolie legen, mit 1 Esslöffel Öl beträufeln, dann fest in die Folie einwickeln. Auf ein Backblech legen und 20 Minuten rösten, bis sich der Knoblauch beim Andrücken weich anfühlt.

2. Inzwischen eine Grillpfanne erhitzen. Die Brotscheiben halbieren, auf einer Seite mit etwas Öl bestreichen und das Brot mit der bestrichenen Fläche nach unten 2 Minuten in der heißen Pfanne rösten. Die oben liegende Seite mit dem restlichen Öl bestreichen, dann wenden und goldbraun rösten.

3. Den Knoblauch aus der Folie wickeln, die äußere Schale entfernen und die Knolle in einzelne Zehen teilen. Die festen Häutchen entfernen. Den cremigen weichen Knoblauch in einem Mörser zu einer groben Paste zerdrücken. Die Paste mit Garsud aus der Alufolie vermischen, dann dünn auf das geröstete Brot streichen und warm halten.

4. Eine beschichtete Pfanne erhitzen, den Grünkohl hineingeben und auf mittlerer Stufe 2–3 Minuten erhitzen, bis er zusammenfällt. Essig, Sirup und ein wenig Salz und Pfeffer dazurühren. Die Bruschettas auf ein Schneidebrett legen, den Grünkohl darauflöffeln und servieren.

SUPERGRÜN

Grünblättriger Kohl, wie Grünkohl, Mangold und Wirsing, enthält viel Eisen und den Farbstoff Chlorophyll, der die Sauerstoffversorgung im Blut begünstigt.

MINI-PAPRIKA MIT HÄHNCHEN-KÄSE-FÜLLUNG

Diese Häppchen, die mit leckerem Kräuterkäse gefüllt werden, sind das ideale Fingerfood für eine Party.

ERGIBT: 12 STÜCK ZUBEREITUNG: 30–35 MIN. BACKEN: 15 MIN.

70 g Doppelrahm-Frischkäse
2 Knoblauchzehen, fein gehackt
2 TL fein gehackter frischer Rosmarin
1 EL fein gehacktes frisches Basilikum
1 EL fein gehackte frische Petersilie
15 g fein geriebener Parmesan
150 g gegarte Hähnchenbrust, fein gehackt
3 Frühlingszwiebeln, fein gehackt
Meersalz und Pfeffer
12 Mini-Paprika in verschiedenen Farben (350 g Gesamtgewicht)

Pro gefüllte Paprika: 59 kcal / 3,2 g Fett / 1,5 g ges. Fette / 2,4 g Kohlenhydrate / 1,7 g Zucker / 0,4 g Salz / 0,7 g Ballaststoffe / 5 g Proteine

1. Den Backofen auf 190 °C vorheizen. Ein Backblech mit Backpapier auslegen.

2. Frischkäse, Knoblauch, Rosmarin, Basilikum und Petersilie in einer Schüssel vermischen, den Parmesan zugeben und alles mit einem Löffel verrühren.

3. Hähnchen und Frühlingszwiebeln zugeben, dann mit Salz und Pfeffer abschmecken.

4. Die Paprikafrüchte vom Stielansatz bis zur Spitze einritzen, dabei den Stiel nicht entfernen. Dann einen Schlitz quer hineinschneiden, sodass ein Teelöffel in die Paprika passt, um die Kerne herauszulöffeln.

5. Die Paprika mit der Hähnchen-Käse-Mischung füllen, dann auf das vorbereitete Backblech legen. Im vorgeheizten Ofen 15 Minuten backen, bis die Paprika weich und stellenweise leicht gebräunt sind.

6. Die gefüllten Paprika etwas abkühlen lassen, dann auf einen Teller heben. Warm oder kalt servieren. Am besten schmecken sie am Tag der Zubereitung, sie sollten im Kühlschrank aufbewahrt werden.

GESCHMACKSFRAGE

Als scharfe Variante fügen Sie 1/2 Teelöffel Chiliflocken und 1/2 Teelöffel geräuchertes Paprikapulver hinzu, bevor Sie die Paprika mit der Mischung füllen.

2

4

5

6

DICKE-BOHNEN-DIP MIT MINZE & ROHKOST

Dieser herrlich aromatische Dip aus ausgelösten Dicke Bohnen und frischen Gartenkräutern schmeckt köstlich in warmem Pita-Brot.

PORTIONEN: 4 ZUBEREITUNG: 30–35 MIN. GAREN: 15 MIN.

350 g ausgelöste Dicke Bohnen
2 EL natives Olivenöl extra
1 TL zerstoßene Kreuzkümmelsamen
3 Frühlingszwiebeln, in feinen Ringen
2 Knoblauchzehen, fein gehackt
25 g frische Minze, zerzupft
25 g frische glatte Petersilie, fein gehackt
Saft von 1 Zitrone
60 g griechischer Naturjoghurt
Meersalz und Pfeffer

ZUM SERVIEREN

1 rote und 1 gelbe Paprika, in Streifen geschnitten
4 Selleriestangen, in Streifen geschnitten
½ Gurke, halbiert, entkernt und in Streifen geschnitten
1 Pita-Brot, in Streifen geschnitten (nach Belieben)

Pro Portion: 446 kcal / 13,7 g Fett / 2,5 g ges. Fette / 67,7 g Kohlenhydrate / 8,4 g Zucker / 2,3 g Salz / 15,5 g Ballaststoffe / 19,1 g Proteine

1. Einen Dampfgarer mit Wasser befüllen, zum Kochen bringen und die Bohnenkerne in den Einsatz legen. Den Deckel auflegen und die Bohnen 10 Minuten dämpfen, bis sie weich sind.

2. Inzwischen das Öl auf mittlerer Stufe in einer Pfanne erhitzen. Kreuzkümmel, Frühlingszwiebeln und Knoblauch darin etwa 2 Minuten anschwitzen, bis die Zwiebeln weich sind.

3. Die Bohnen in eine Küchenmaschine oder einen Standmixer geben, Zwiebelmischung, Kräuter, Zitronensaft und Joghurt zufügen und mit Salz und Pfeffer würzen. Zu einem groben Püree mixen, dann in eine große Schale füllen und diese auf einen großen Servierteller setzen.

4. Die Gemüsestreifen um den Dip herum anrichten und mit den Brotstreifen servieren.

2

4

6

7

VIETNAMESISCHE GARNELENROLLEN

Leicht, glutenfrei und nahezu fettfrei – diese wunderbaren Rollen schmecken nach mehr und sind voller Proteine und Vitamine.

ERGIBT: 6 ROLLEN ZUBEREITUNG: 40 MIN. GAREN: OHNE

40 g Reis-Vermicelli

150 g gekochte und gekühlte Riesengarnelen, kalt abgespült, abgetropft und in feine Scheiben geschnitten

abgeriebene Schale von 1 Limette

10 g frische Minze, Blätter abgezupft

10 g frischer Koriander, lange Stängel abgeschnitten

55 g Bohnensprossen, abgespült und abgetropft

55 g Karotte, in Stifte geschnitten

¼ Salatgurke, der Länge nach halbiert, entkernt und in Streifen geschnitten

¼ Romana-Salatherz, in Streifen geschnitten

6 Blätter Reispapier (20 cm Ø)

DIP

Saft von 1 Limette

1 EL Tamari

1 EL Muskovado-Zucker

1 TL thailändische Fischsauce

1 roter Chili, halbiert, entkernt und fein gehackt

2 Knoblauchzehen, fein gehackt

2,5-cm-Stück frische Ingwerwurzel, abgebürstet und fein gerieben

Pro Rolle: 112 kcal / 0,4 g Fett / Spuren von ges. Fetten / 22,2 g Kohlenhydrate / 4,3 g Zucker / 1,3 g Salz / 1,6 g Ballaststoffe / 5 g Proteine

1. Die Nudeln in eine Schüssel geben, mit kochendem Wasser bedecken und 5 Minuten weich werden lassen.

2. Die Garnelen mit der Limettenschale verrühren. Minze, Koriander, Bohnensprossen, Karotte, Gurken und Salat auf einer Servierplatte anrichten. Die Nudeln abtropfen lassen und auf einen Teller legen.

3. Etwas kochendes Wasser in ein großes, flaches Gefäß gießen. 1 Blatt Reispapier darin 10–15 Sekunden einweichen, dabei etwas bewegen. Wenn das Reisblatt weich und transparent ist, herausnehmen, gut abtropfen lassen und auf ein Schneidebrett legen.

4. Ein Sechstel der Garnelenstücke in einem Streifen mittig auf dem Reispapier verteilen. Mit einem Sechstel von Minze, Koriander, Nudeln und Bohnensprossen belegen. Ein Sechstel von Karotte, Gurke und Salat hinzufügen. Das untere Drittel des Reispapiers über die Füllung schlagen, die Seiten einklappen und alles zu einer Rolle aufwickeln. Auf einen Teller legen.

5. Mit den restlichen Reispapierblättern ebenso verfahren, sodass 6 Rollen entstehen.

6. Für den Dip Limettensaft, Tamari, Zucker und Fischsauce in einer Schüssel verrühren. Chili, Knoblauch und Ingwer einrühren.

7. Jede Rolle halbieren. Den Dip in einzelne Schälchen füllen und zu den Rollen reichen. Falls die Rollen nicht sofort serviert werden, in Frischhaltefolie wickeln und bis zu 8 Stunden in den Kühlschrank legen.

Wochenend-Snacks

MINZE

Minze hat besänftigende und durch das Menthol leicht betäubende Eigenschaften, sie wirkt beruhigend auf den Magen. Ein Tee aus frischen Minzeblättern soll übrigens gegen Schluckauf wirken.

CHILIS

Scharfe Chilis würzen nicht nur die Speisen, ihre Schärfe regt auch den Stoffwechsel an und kann beim Abnehmen helfen, da die Körpertemperatur ansteigt.

PEKANNÜSSE

Pekannüsse sind voller pflanzlicher Sterine, die den Cholesterinspiegel senken können. Sie enthalten zudem gesunde ungesättigte Fettsäuren, die auch in Avocados vorhanden sind.

MANDELMILCH

Milch von Mandeln und anderen Nüssen ist nicht nur ein guter Ersatz für Kuhmilch, sondern spendet auch Extraprotein. Kaufen Sie möglichst ungezuckerte Bio-Ware, da diese nur die natürliche Süße von Mandeln beinhaltet.

FEIGEN

Feigen sind in Asien beheimatet und werden im gesamten Mittelmeerraum kultiviert. Sie enthalten viel natürlichen Zucker, was sie, wie Datteln, zu einem perfekten gesunden „Süßmittel“ macht.

GEBACKENE FEIGEN MIT GORGONZOLA

Dieser Snack mit Feigen, geschmolzenem Gorgonzola, Wildblütenhonig und Vollkornbaguette schmeckt einfach himmlisch.

PORTIONEN: 4 ZUBEREITUNG: 15 MIN. GAREN: 10 MIN.

1 halbes Vollkornbaguette, in 2 cm dicke Scheiben geschnitten (insgesamt 100 g)

8 frische kleine Feigen

55 g Gorgonzola, Rinde entfernt und in 8 Würfel geschnitten

4 TL flüssiger Wildblütenhonig

Pro Portion: 195 kcal / 5,2 g Fett / 2,8 g ges. Fette / 28 g Kohlenhydrate / 16,1 g Zucker / 0,7 g Salz / 4,2 g Ballaststoffe / 6,9 g Proteine

1. Den Backofen auf 180 °C vorheizen. Das Brot von beiden Seiten leicht toasten, dann auf ein kleines Backblech legen.

2. Die Feigen am Stielansatz kreuzweise einschneiden und je einen Käsewürfel hineindrücken. Dann je 1 Feige auf 1 Baguettescheibe setzen. 5–6 Minuten im vorgeheizten Ofen backen, bis die Feigen heiß sind und der Käse gerade geschmolzen ist.

3. Auf Teller oder ein Servierbrett heben, mit dem Honig beträufeln und sofort servieren.

FAMOSE FEIGEN

Feigen enthalten lösliche Ballaststoffe, die dabei helfen, den Cholesterinspiegel zu senken, und Kalium, das gut für die Regulierung des Wasserhaushalts ist.

1

2

2

3

APFELCHIPS MIT ZIMT

Knusprig und ohne Fett, Salz oder Geschmacksverstärker sind diese Chips eine tolle Alternative zu Kartoffelchips.

PORTIONEN: 4 ZUBEREITUNG: 20–25 MIN., PLUS ABKÜHLEN GAREN: 1½–2 STD.

1 l Wasser
1 EL Meersalz
3 ungeschälte Äpfel, z. B. Braeburn oder Gala
1 Prise Zimtpulver

Pro Portion: 72 kcal / 0,2 g Fett / Spuren von ges. Fetten / 19,1 g Kohlenhydrate / 14,2 g Zucker / 0,7 g Salz / 3,4 g Ballaststoffe / 0,3 g Proteine

1. Den Backofen auf 110 °C vorheizen. Das Wasser mit dem Salz in eine große Rührschüssel geben und so lange rühren, bis das Salz aufgelöst ist.

2. Die Äpfel mit einem scharfen Messer oder einer Mandoline in feine Scheiben schneiden, dabei Schale und Kerngehäuse nicht entfernen, nur die Kerne entfernen. Die Scheiben ins Salzwasser legen, sodass sie damit überzogen sind und nicht braun werden.

3. Die Apfelscheiben in einem Durchschlag abtropfen lassen, dann mit einem Küchentuch trocken tupfen. In einer Schicht auf einen Backofenrost legen, sodass die Hitze um die Scheiben zirkulieren kann.

4. 1½–2 Stunden backen, bis die Apfelscheiben trocken und knusprig sind. Mit einem Palettenmesser lösen und auf eine Platte oder ein Schneidebrett legen. Mit dem Zimt bestreuen. Vollständig abkühlen lassen, dann servieren oder in einem luftdichten Kunststoffbehälter bis zu 2 Tage im Kühlschrank aufbewahren.

HAUSGEMACHTE NUSS-NUGAT-CREME

Diese köstliche Creme wird aus vollwertigen Zutaten gemacht und schmeckt wunderbar auf getoastetem Vollkornbrot oder Pfannkuchen.

ERGIBT: 225 g ZUBEREITUNG: 15 MIN., PLUS RUHEN RÖSTEN: 3–4 MIN.

115 g ungeschälte Haselnusskerne
25 g Kakaopulver
65 g Muskovado-Zucker
125 ml Olivenöl
½ TL Vanilleextrakt
1 Prise Meersalz
Vollkornbrot oder Pfannkuchen, zum Servieren (nach Belieben)

Pro 45-g-Portion: 430 kcal / 40 g Fett / 5,2 g ges. Fette / 19,5 g Kohlenhydrate / 13,9 g Zucker / 0,3 g Salz / 4 g Ballaststoffe / 4,1 g Proteine

1. Die Haselnüsse in eine trockene Pfanne geben und auf mittlerer Stufe 3–4 Minuten erhitzen. Dabei ständig die Pfanne schütteln, bis die Nüsse gleichmäßig geröstet sind.

2. Die Nüsse in ein sauberes Küchentuch wickeln und die Schale abreiben.

3. Die Nüsse in einen Standmixer geben und fein mahlen. Kakaopulver, Zucker, Öl, Vanilleextrakt und Salz zugeben und alles zu einer dicken Paste pürieren. In ein Schraubglas füllen und den Deckel aufsetzen. 4 Stunden auf Raumtemperatur abkühlen lassen, bis der Zucker sich vollständig aufgelöst hat. Erneut rühren, dann bis zu 5 Tage im Kühlschrank aufbewahren. Auf getoastetes Vollkornbrot streichen oder zu frischen Pfannkuchen servieren.

EXTRATIPP

Für dieses Rezept können Sie auch andere Nusssorten verwenden. Sehr lecker ist beispielsweise auch eine Mandelcreme.

1

2

3

1

1

2

KÜRBIS-PEKANNUSS-PFANNKUCHEN

Pfannkuchen sind immer ein Genuss und in diesem Fall sogar noch ein gesunder – durch die Nüsse und den nährstoffreichen Kürbis.

PORTIONEN: 6 ZUBEREITUNG: 20 MIN. GAREN: 15–18 MIN.

- 140 g Mehl
- 20 g gehackte Pekannusskerne
- 50 g Muskovado-Zucker
- 2 TL Backpulver
- ½ TL Zimtpulver
- ¼ TL Meersalz
- 1 Ei
- 300 ml Buttermilch
- 200 g geschälter und gekochter Kürbis, zerdrückt
- 1 TL Vanilleextrakt
- Kochspray
- 125 ml Honig oder Ahornsirup, zum Servieren

Pro Portion: 246 kcal / 4,6 g Fett / 1,1 g ges. Fette / 45,2 g Kohlenhydrate / 24,2 g Zucker / 1,5 g Salz / 1,4 g Ballaststoffe / 6,1 g Proteine

1. Mehl, Nüsse, Zucker, Backpulver, Zimt und Salz in einer Schüssel vermengen. In einer zweiten, großen Schüssel Ei, Buttermilch, Kürbis und Vanilleextrakt verrühren. Die Trockenzutaten zur Eimischung geben und einarbeiten.

2. Eine beschichtete Pfanne mit Kochspray einsprühen und auf mittlerer Stufe erhitzen. Wenn die Temperatur hoch genug ist, den Teig in 50-ml-Portionen hineingeben und kleine Pfannkuchen (8–10 cm Ø) backen.

3. Die Pfannkuchen 2–3 Minuten backen, bis sich Bläschen an der Oberfläche bilden und die untere Seite leicht gebräunt ist. Wenden und 2 Minuten weiterbacken, bis die andere Seite ebenfalls Farbe angenommen hat. Sofort mit dem Honig servieren.

1

3

6

6

Mandelmilch-Keks-Shot

Erfrischende Mandelmilch wird in einem Schoko-Nuss-Vollkornkeksbecher serviert – wenn das keinen Pepp hat!

ERGIBT: 6 SHOTS ZUBEREITUNG: 35 MIN., PLUS ABKÜHLEN GAREN: 18–20 MIN.

6 EL Kokosfett, zimmerwarm, plus Kokosfett zum Bestreichen
55 g Muskovado-Zucker
½ TL Vanilleextrakt
25 g gemahlene Haselnusskerne
25 g gemahlene gelbe Leinsamen
115 g Weizenvollkornmehl
1 Eigelb
100 g Bitterschokolade (70 % Kakaoanteil)
150 ml ungesüßte Mandelmilch

Pro Shot: 573 kcal / 39,7 g Fett / 24,8 g ges. Fette / 50,2 g Kohlenhydrate / 21,4 g Zucker / Spuren von Salz / 8,2 g Ballaststoffe / 8,6 g Proteine

1. 6 Dariolformen (à 90 ml Inhalt) leicht einfetten und den Boden mit Backpapier auslegen.

2. Kokosfett, Zucker und Vanilleextrakt in einer Rührschüssel oder in der Küchenmaschine hell und cremig rühren. Haselnüsse und Leinsamen zugeben, dann Mehl und Eigelb einrühren. 30 g Bitterschokolade fein hacken und in den Keksteig einrühren. Mit den Fingerspitzen alles zu einem krümeligen Teig verarbeiten.

3. Den Teig auf die vorbereiteten Formen verteilen und mit dem Rücken eines Teelöffels andrücken. Auf ein Backblech setzen und 20 Minuten in den Kühlschrank stellen. Inzwischen den Backofen auf 180 °C vorheizen.

4. Die Keksbecher 13–15 Minuten im vorgeheizten Ofen backen, bis sie goldbraun sind. Dann das Innere der Becher mit einem Löffelrücken gleichmäßig glätten. 30 Minuten abkühlen lassen.

5. Die Keksbecher mit einem kleinen Messer von den Formenrändern lösen und herausnehmen. Auf das Backblech stellen und mindestens 1 Stunde im Kühlschrank fest werden lassen.

6. Die restliche Schokolade in Stücke brechen und in eine hitzebeständige Schüssel geben. Auf einen Topf mit leicht köchelndem Wasser setzen und schmelzen. Die geschmolzene Schokolade teelöffelweise in die Keksbecher geben und die Innenseiten gleichmäßig damit überziehen. Mindestens 30 Minuten in den Kühlschrank stellen. Kurz vor dem Servieren die Mandelmilch einfüllen und die Shots auf Untertassen servieren.

5

SÜSSE VERFÜHRUNGEN

Das Schöne an der gesunden Ernährung ist, dass auch Süßes durchaus erlaubt ist – wenn man's richtig angeht! Dieses Kapitel enthält viele Ideen für gesündere süße Snacks, wenn einen der Heißhunger überfällt.

MACADAMIA-CUPCAKES MIT SCHOKOGLASUR

Diese kleinen Köstlichkeiten, die man als ein Mittelding zwischen Cupcake und Keks bezeichnen könnte, sind nussige Vollkornsnacks.

ERGIBT: 12 CUPCAKES ZUBEREITUNG: 30 MIN., PLUS ABKÜHLEN GAREN: 20 MIN.

85 g weiche Butter
85 g grobe Erdnussbutter
85 g Muskovado-Zucker
2 Eier, verquirlt
115 g Weizenvollkornmehl
1 TL Backpulver
55 g Macadamianusskerne, grob gehackt, plus 12 ganze Kerne zum Dekorieren (nach Belieben)

SCHOKOLADENGLASUR

100 g Bitterschokolade (70 % Kakaoanteil), in Stücke gebrochen
25 g Butter, gewürfelt
25 g Muskovado-Zucker
4 EL Milch

Pro Cupcake: 274 kcal / 19,2 g Fett / 8,3 g ges. Fette / 22,3 g Kohlenhydrate / 12,3 g Zucker / 0,5 g Salz / 2,9 g Ballaststoffe / 5,4 g Proteine

1. Den Backofen auf 180 °C vorheizen. Eine 12er-Muffinform mit Papierbackförmchen auslegen.

2. Butter, Erdnussbutter und Zucker in einer großen Rührschüssel oder in einer Küchenmaschine hell und luftig rühren.

3. Abwechselnd Eier und Mehl zugeben und glatt rühren. Backpulver und gehackte Nüsse untermischen.

4. Den Teig auf die Papierförmchen verteilen. Im vorgeheizten Ofen 15 Minuten backen, bis die Cupcakes goldbraun aufgegangen sind und auf Fingerdruck elastisch nachgeben. 10 Minuten in der Form abkühlen lassen.

5. Für die Glasur Schokolade, Erdnussbutter, Zucker und Milch in eine hitzebeständige Schüssel geben und auf einen Topf mit köchelndem Wasser setzen. 5 Minuten unter gelegentlichem Rühren erhitzen, bis eine glatte Mischung entsteht.

6. Die Cupcakes vollständig mit der Glasur überziehen und nach Belieben jedes mit einer Macadamianuss dekorieren. An einem kühlen Ort 30 Minuten auskühlen lassen. Aus der Form nehmen und servieren. Übrig gebliebene Cupcakes bis zu 1 Tag in einem luftdicht verschließbaren Behälter lagern.

2

4

5

6

JOGHURT MIT ERDBEEREN & PASSIONSFRÜCHTEN

Wenn Sie leichte, süße Snacks mögen, sind diese Gläschen voller Sommerfrische genau das Richtige für Sie.

ERGIBT: 4 GLÄSER ZUBEREITUNG: 20–25 MIN., PLUS ABKÜHLEN RÖSTEN: 2–3 MIN.

20 g Kokosraspel
200 g Erdbeeren, geputzt
fein abgeriebene Schale und Saft von 1 Limette
350 g fettarmer Joghurt
4 TL flüssiger Honig
2 Passionsfrüchte (Maracujas), halbiert
1 EL getrocknete Gojibeeren, grob gehackt

Pro Glas: 141 kcal / 3,5 g Fett / 2,8 g ges. Fette / 19,3 g Kohlenhydrate / 14,6 g Zucker / Spuren von Salz / 3,2 g Ballaststoffe / 10,4 g Proteine

1. Die Kokosraspel in eine trockene Pfanne geben und bei mittlerer Hitze 2–3 Minuten rösten. Dabei die Pfanne schwenken, bis die Raspel goldgelb sind. Vom Herd nehmen und abkühlen lassen.

2. Die Erdbeeren zerdrücken und mit der Hälfte des Limettensafts vermischen.

3. Limettenschale, restlichen Saft, Joghurt und Honig in einer Schüssel vermischen. Drei Viertel der Kokosraspel einrühren, dann die fleischigen Kerne der Passionsfrucht darüberlöffeln und mit dem Joghurt verrühren.

4. Joghurt und Erdbeeren in 4 Vorratsgläser oder Schraubgläser (à 200 ml Volumen) schichten, dabei mit den Erdbeeren beginnen und mit Joghurt abschließen. Mit restlichen Kokosraspeln und Gojibeeren bestreuen. Die Deckel verschließen und die Gläser bis zum Servieren in den Kühlschrank stellen. Innerhalb von 24 Stunden verzehren.

ROTER FRUCHTSAFT

Nichts geht über frische Erdbeeren im Sommer, aber dieser Smoothie kann auch mit TK-Erdbeeren jederzeit genossen werden.

PORTIONEN: 1 ZUBEREITUNG: 15 MIN. GAREN: OHNE

1 rosa Grapefruit, Schale und weiße Haut entfernt, entkernt und grob gehackt

¼ Salatgurke, grob gehackt

150 g Erdbeeren, geputzt

1 Handvoll zerstoßene Eiswürfel (nach Belieben)

1. Grapefruit und Gurke im Standmixer glatt pürieren.
2. Erdbeeren und zerstoßenes Eis, falls verwendet, zufügen und alles zusammen zerkleinern.
3. In ein Glas gießen und sofort servieren.

Pro Portion: 162 kcal / 0,8 g Fett / Spuren von ges. Fetten / 40,4 g Kohlenhydrate / 25,5 g Zucker / Spuren von Salz / 7,3 g Ballaststoffe / 3,4 g Proteine

EXTRATIPP

Verwenden Sie außerhalb der Saison einfach TK-Erdbeeren. Wenn Sie diese gefroren in den Mixer geben, erübrigt sich die Zugabe von Eiswürfeln.

2

3

6

6

BROWNIES MIT SCHWARZEN BOHNEN

Diese glutenfreien Brownies werden aus schwarzen Bohnen und Datteln zubereitet. Danach wird sich jeder die Finger lecken!

ERGIBT: 16 BROWNIES ZUBEREITUNG: 25 MIN., PLUS ABKÜHLEN GAREN: 28 MIN.

100 g Bitterschokoladentropfen (70 % Kakaoanteil)
3 EL Kokosfett
375 g schwarze Bohnen in Wasser aus der Dose, abgetropft
175 g Datteln, halbiert und entsteint
3 Eier
70 g Muskovado-Zucker
1 TL Vanilleextrakt
55 g Kakaopulver
1½ TL Backpulver
½ TL Zimtpulver
¼ TL Meersalz

Pro Brownie: 139 kcal / 6,8 g Fett / 4,4 g ges. Fette / 17,6 g Kohlenhydrate / 12,3 g Zucker / 0,4 g Salz / 4 g Ballaststoffe / 3,7 g Proteine

1. Den Backofen auf 180 °C vorheizen. Eine quadratische Backform (20 cm × 20 cm) mit Backpapier auslegen.

2. 55 g Schokoladentropfen mit dem Kokosfett in einen kleinen Topf geben und auf sehr kleiner Stufe erhitzen, bis das Fett geschmolzen ist. Vom Herd nehmen und einige Minuten ruhen lassen, bis die Schokolade ebenfalls vollständig geschmolzen ist.

3. Inzwischen Bohnen und Datteln in eine Küchenmaschine oder einen Standmixer geben und zu einer groben Paste pürieren. Eier, Zucker, Vanilleextrakt und Schoko-Kokosfett-Mischung zufügen und glatt pürieren.

4. Kakao, Backpulver, Zimt und Salz vermengen, zur Bohnenmischung geben und noch einmal kurz pürieren.

5. In die vorbereitete Form füllen und gleichmäßig darin verteilen. 25 Minuten im vorgeheizten Ofen backen, bis der Kuchen gut aufgegangen ist und die Ränder leicht einreißen. In der Mitte sollte der Kuchen aber noch weich sein.

6. Mit den restlichen Schokoladentropfen bestreuen und 20 Minuten abkühlen lassen. Den Browniekuchen mit dem Papier aus der Form auf ein Kuchengitter heben und vollständig auskühlen lassen. In 16 kleine Stücke schneiden, das Papier entfernen und die Brownies bis zu 2 Tage in einem Behälter aufbewahren.

Eiscreme mit Kokosmilch, Erdbeeren & Honig

Fast jeder mag Eiscreme, aber meist enthält sie Unmengen an Zucker. Diese Version besteht aus drei gesunden Zutaten.

PORTIONEN: 6 ZUBEREITUNG: 30 MIN., PLUS ABKÜHLEN GAREN: OHNE

450 g Erdbeeren, geputzt und halbiert
400 ml Kokosmilch aus der Dose
85 g flüssiger Honig
gehackte Haselnüsse, zum Servieren (nach Belieben)

Pro Portion: 198 kcal / 14,4 g Fett / 12,6 g ges. Fette / 19,3 g Kohlenhydrate / 16,7 g Zucker / Spuren von Salz / 1,8 g Ballaststoffe / 1,4 g Proteine

1. Die Erdbeeren in einer Küchenmaschine pürieren, dann durch ein Sieb in eine Rührschüssel streichen, um die kleinen Kerne zu entfernen.
2. Kokosmilch und Honig mit dem Erdbeerpüree verrühren.
3. Die Mischung in eine flache große Auflaufform füllen, mit Frischhaltefolie abdecken und 2 Stunden ins Gefrierfach stellen, bis die Mischung fest ist.
4. Die Mischung wieder in die Küchenmaschine geben und mit der Pulsfunktion erneut pürieren, um die Eiskristalle aufzubrechen. In einen Kunststoffbehälter oder eine mit Backpapier ausgelegte Backform (900 ml Inhalt) füllen. Den Deckel auflegen oder das Papier überfalten. Wieder ins Gefrierfach stellen und 3–4 Stunden fest werden lassen, bis die Eiscreme herausgelöffelt werden kann.
5. Sofort servieren oder bis zum Verzehr im Gefrierfach lassen. 15 Minuten bei Zimmertemperatur antauen lassen, dann auf Schalen verteilen und mit gehackten Haselnüssen bestreut servieren.

Süße Verführungen

ERDBEEREN

Erdbeeren sind seit der Römerzeit beliebt und stammen aus vielen Teilen der Welt. Sie waren früher, wie viele andere Früchte auch, dem Adel vorbehalten.

PINK GRAPEFRUIT

Grapefruits gelten seit Langem als gesund, da sie wenige Kalorien, aber viele sekundäre Pflanzenstoffe enthalten. Mit nur einer halben Grapefruit am Tag können Sie Ihren Tagesbedarf an Vitamin C decken.

PASSIONSFRUCHT

Passionsfrüchte, auch unter dem Namen Maracuja bekannt, sind eine gute Kaliumquelle und haben blutdrucksenkende Wirkung.

KOKOSNUSS

Der hohe Gehalt an Laurinsäure, die antibakteriell wirksam ist, macht die Kokosnuss zu einem gesunden Lebensmittel, das das Immunsystem unterstützt und verdauungsfördernd wirkt.

BITTERSCHOKOLADE

Bitterschokolade hat positive Auswirkungen auf die Gesundheit, denn sie stimuliert unter anderem das Nervensystem. Wählen Sie Schokolade mit 70% Kakaoanteil oder mehr, sodass möglichst wenig Zucker enthalten ist.

SUPERFOOD-SCHOKOLADENTAFEL

Je dunkler die Schokolade, desto weniger Zucker und desto mehr Kakaobutter enthält sie.

PORTIONEN: 6 ZUBEREITUNG: 20 MIN., PLUS RUHEN SCHMELZEN: 5 MIN.

100 g Bitterschokolade (70 % Kakaoanteil), in Stücke gebrochen

85 g gemischte Nüsse, wie Paranuss-, Mandel- und Pistazienkerne, grob gehackt

2 EL getrocknete Gojibeeren, grob gehackt

2 EL getrocknete Cranberrys, grob gehackt

1 EL Chiasamen

Pro Portion: 227 kcal / 15,7 g Fett / 5,3 g ges. Fette / 17,7 g Kohlenhydrate / 10,2 g Zucker / Spuren von Salz / 5,1 g Ballaststoffe / 5,1 g Proteine

1. Die Schokolade in eine hitzebeständige Schüssel geben, auf einen Topf mit leicht köchelndem Wasser setzen und 5 Minuten erwärmen, bis sie geschmolzen ist. Darauf achten, dass die Schüssel nicht mit dem Wasser in Berührung kommt.

2. Ein Backblech mit Backpapier auslegen. Die Schokolade glatt rühren, dann zu einem 20 cm breiten und 30 cm langen Rechteck auf das Backpapier streichen.

3. Nüsse, Beeren und Chiasamen darüberstreuen, dann an einem kühlen Ort oder im Kühlschrank fest werden lassen.

4. Die Schokolade zum Servieren vom Papier abziehen und in unregelmäßige Stücke brechen. In einem Kunststoffbehälter oder im Kühlschrank bis zu 3 Tage lagern.

AUF DIE NUSS

Nüsse sind eine gute Quelle für Vitamin E und für B-Vitamine. Insgesamt sind sie zwar sehr fettreich, enthalten aber viele essenzielle Fettsäuren.

1

2

3

4

MINI-BLINIS MIT PFIRSICHEN & HIMBEEREN

Diese kleinen, russischen Pfannkuchen sind eine Köstlichkeit. Während Sie sie backen, können die Früchte rösten.

ERGIBT: 20 STÜCK   ZUBEREITUNG: 30 MIN.   GAREN: 20–25 MIN.

4 kleine Pfirsiche, halbiert, entsteint und klein geschnitten
1 EL Ahornsirup
2 EL Wasser
150 g Himbeeren
150 g Crème fraîche
1 TL Vanilleextrakt

BLINI-TEIG
85 g Buchweizenmehl
1 TL Backpulver
Meersalz
1 Ei
125 ml fettarme Milch
1 EL Olivenöl, zum Backen

Pro Blini: 59 kcal / 2,7 g Fett / 1,1 g ges. Fette / 7,6 g Kohlenhydrate / 3,8 g Zucker / 0,3 g Salz / 1,3 g Ballaststoffe / 1,6 g Proteine

1. Den Backofen auf 190 °C vorheizen. Die Pfirsiche in eine kleine Auflaufform geben, mit Ahornsirup und Wasser beträufeln, dann im vorgeheizten Ofen 10 Minuten rösten, bis sie weich sind und an den Rändern leicht bräunen. Aus dem Ofen nehmen, die Himbeeren in die heiße Form geben und beiseitestellen.

2. Crème fraîche und Vanilleextrakt verrühren und beiseitestellen.

3. Für die Blinis Mehl, Backpulver und 1 Prise Salz in einer Schüssel vermengen. Das Ei zufügen und unter Rühren die Milch zugießen, bis ein glatter Teig entstanden ist.

4. Das Öl in einer großen Pfanne erhitzen, überschüssiges Öl in eine kleine Schüssel füllen. Den Teig in kleinen Portionen in die Pfanne geben, dazwischen ausreichend Abstand lassen. Bei mittlerer Hitze 2–3 Minuten backen, bis sich an der Oberfläche Blasen bilden und die Unterseiten goldbraun sind. Mit einem Palettenmesser wenden und 1–2 Minuten weiterbacken.

5. Die Blinis aus der Pfanne heben und mit einem Küchentuch bedeckt warm halten. Das aufbewahrte Öl in der Pfanne erhitzen, überschüssiges Öl wieder abgießen, dann eine weitere Portion Blinis backen. Fortfahren, bis der Teig aufgebraucht ist.

6. Blinis, Vanille-Crème-fraîche und warme Früchte übereinanderschichten und sofort servieren.

SCHOKOLADENCREME MIT AVOCADO

Im Gegensatz zu Schokoladenmousse braucht diese Version nicht gekühlt zu werden, sondern kann gleich serviert und genossen werden.

ERGIBT: 4 ZUBEREITUNG: 20 MIN. SCHMELZEN: 5 MIN.

55 g Bitterschokolade (70 % Kakaoanteil), in Stücke gebrochen

1 große reife Avocado, halbiert und entkernt

4 EL Kokosmilch aus der Dose

4 TL Ahornsirup

½ TL Vanilleextrakt

1 Prise Meersalz

geriebene Bitterschokolade und Kokosraspel, zum Dekorieren (nach Belieben)

Pro Portion: 246 kcal / 16,4 g Fett / 7,3 g ges. Fette / 24,5 g Kohlenhydrate / 16,1 g Zucker / 0,4 g Salz / 4,9 g Ballaststoffe / 2,4 g Proteine

1. Die Schokolade in eine hitzebeständige Schüssel geben, auf einen Topf mit leicht köchelndem Wasser setzen und 5 Minuten erwärmen, bis sie geschmolzen ist. Darauf achten, dass die Schüssel mit dem Wasser nicht in Berührung kommt.

2. Das Fruchtfleisch der Avocado aus der Schale löffeln und in eine Küchenmaschine geben. Glatt pürieren, dann Kokosmilch, Ahornsirup, Vanilleextrakt und Salz zugeben. Die geschmolzene Schokolade mit einem Löffel hinzufügen und alles glatt pürieren.

3. Die Mischung in Shot-Gläser füllen. Mit geriebener Schokolade und Kokosraspeln garnieren. Sofort servieren oder bis zum Verzehr in den Kühlschrank stellen.

GANZ GESUND

Avocados sind zwar sehr kalorienhaltig, aber sie haben viele einfach ungesättigte Fettsäuren, die dafür sorgen, dass der Cholesterinspiegel ausgeglichen ist.

1

2

3

2

4

6

7

RHABARBER-ZITRONEN-KUCHEN MIT SIRUP

Manchmal braucht man einfach ein Stück Kuchen – hier eine gesunde Variante aus Vollkornreismehl und Mandeln.

ERGIBT: 9 STÜCK ZUBEREITUNG: 30–35 MIN., PLUS ABKÜHLEN BACKEN: 35–40 MIN.

300 g Rhabarberstangen, abgezogen und in 2-cm-Stücke geschnitten
100 g gemahlene Mandeln
115 g Vollkornreismehl
1½ TL Backpulver
1 reife Banane, zerdrückt
150 ml Reiskleieöl
115 g Muskovado-Zucker
abgeriebene Schale von 1 Zitrone
3 Eier
25 g Mandelkerne, grob gehackt

SIRUP
Saft von 2 Zitronen
60 g Muskovado-Zucker

Pro Stück: 400 kcal / 26,1 g Fett / 4,5 g ges. Fette / 37,7 g Kohlenhydrate / 22,6 g Zucker / 0,6 g Salz / 3,2 g Ballaststoffe / 6,8 g Proteine

1. Den Backofen auf 180 °C vorheizen. Eine rechteckige Backform (20 cm × 30 cm) mit Backpapier auslegen.

2. Den Rhabarber in eine trockene Auflaufform legen und 10 Minuten im vorgeheizten Ofen backen, bis er fast weich ist. Aus dem Ofen nehmen, aber diesen nicht ausschalten.

3. Gemahlene Mandeln, Mehl und Backpulver in einer Schüssel vermengen.

4. Banane, Öl, Zucker und Zitronenschale in einer zweiten Schüssel glatt rühren. Nacheinander die Eier einrühren, dann die Mehlmischung einarbeiten.

5. Den Teig in die vorbereitete Backform füllen und die Rhabarberstücke darüberstreuen. 25–30 Minuten backen, bis der Kuchen gut aufgegangen ist und bei Fingerdruck elastisch nachgibt.

6. Für den Sirup Zitronensaft und Zucker vermischen. Den Kuchen mit der Hälfte des Sirups tränken und 1–2 Minuten ziehen lassen. Den restlichen Sirup darübergießen, mit den gehackten Mandeln bestreuen und in der Form abkühlen lassen.

7. Den Kuchen aus der Form nehmen, das Papier abziehen und den Kuchen in 9 kleine Stücke schneiden. Innerhalb von 2 Tagen verzehren oder einfrieren.

GEFRORENE BEEREN IM JOGHURTMANTEL

Sie sehen aus wie Süßigkeiten, bersten aber nur so vor Frische, Vitamin C und Calcium. Nachschub im Gefrierfach lagern.

PORTIONEN: 4 ZUBEREITUNG: 20–25 MIN., PLUS EINFRIEREN GAREN: OHNE

225 g fettarmer Joghurt
1 EL flüssiger Honig
¼ TL Vanilleextrakt
115 g Blaubeeren
125 g Himbeeren

Pro Portion: 81 kcal / 0,3 g Fett / Spuren von ges. Fett / 14,5 g Kohlenhydrate / 10,8 g Zucker / Spuren von Salz / 2,7 g Ballaststoffe / 6,4 g Proteine

1. Drei Backbleche mit Backpapier auslegen, zuvor jedoch prüfen, ob sie ins Gefrierfach passen.

2. Joghurt, Honig und Vanilleextrakt in einer Schüssel verrühren. Einige Blaubeeren in den Joghurt geben, dann mithilfe von zwei Gabeln die Beeren mit einer dünnen Joghurtschicht überziehen. Eine Beere nach der anderen herausnehmen, überschüssigen Joghurt abschütteln und die Beeren auf eines der vorbereiteten Bleche legen.

3. So fortfahren, bis alle Blaubeeren auf dem Blech liegen. Mit den Himbeeren ebenso verfahren und auf zwei Bleche legen. 2–3 Stunden gefrieren, bis alle Beeren fest sind.

4. Die Beeren von den Blechen nehmen und in Gefrierbeutel oder Kunststoffbehälter füllen. Verschließen und bis zu 1 Monat lagern.

5. Jeweils die benötigte Menge aus dem Gefrierbeutel entnehmen. Vor dem Servieren 10 Minuten antauen lassen, damit die Beeren etwas weich werden.

REGISTER